슈바이처,

지렁이를 애도하다

탐 철학 소설 12

슈바이처, 지렁이를 애도하다

초판 1쇄 2014년 7월 28일
초판 2쇄 2015년 9월 17일

지은이 황영옥

책임 편집 임나윤
편집장 윤정현
마케팅 강백산, 이은영, 김가연
표지 디자인 땡스북스 스튜디오
표지 일러스트 박근용
본문 디자인 유민경

펴낸이 이재일
펴낸곳 토토북

주소 04034 서울시 마포구 양화로11길 18 3층(서교동, 원오빌딩)
전화 02-332-6255 | 팩스 02-332-6286
홈페이지 www.totobook.com | 전자우편 totobook@korea.com
출판등록 2002년 5월 30일 제10-2394호
ISBN 978-89-6496-195-7 44100
ISBN 978-89-6496-136-0 44100 (세트)

● 탐은 토토북의 청소년 출판 전문 브랜드입니다.

슈바이처,
지렁이를 애도하다

황영옥
지음

12
탐
철학
소설

차례

머리말

슈바이처는 철학자다?

여러 해 전 청소년 독자를 대상으로 하는 슈바이처 평전을 썼던 인연으로 그분과 재회하는 즐거움을 누리게 되었습니다. 당시 평전을 기획했던 출판사는 집필진에게 임의로 대상을 선택할 자유를 주었는데 저는 주저 없이 그분을 제 주인공으로 초대했습니다. 인류사를 통틀어 전인(全人)의 이상에 가장 근접했던 위인 가운데 한 분, 알베르트 슈바이처야말로 자라나는 청소년들에게 가장 알려 주고 싶고 만나게 해 주고 싶은 인물이라고 생각했기 때문이지요.

널리 알려진 대로 슈바이처는 유럽에서의 안락한 생활과 보장된 미래를 뒤로한 채 가난과 질병에 내몰린 아프리카 원주민들을 위한 의료 활동에 전 생애를 바쳤습니다. 인류애의 가장 숭고한 표본으로 회자되는 이 위대한 장정은 그의 나이 스물한 살 되던 어느 여름날 아침의 소박한 결심에서 비롯되었습니다.

"서른 살까지는 학문과 예술을 위해 살고, 그 이후에는 인류에 직접 봉사하는 삶을 살리라."

아버지가 목사로 봉직하고 있던 고향 귄스바흐의 목사관에서, 이른 아침의 명랑한 새소리와 싱그러운 꽃향기 속에서 잠을 깬 슈바이처는 아늑한 행복감에 잠긴 채 생각하기 시작했던 것입니다.

'나만 이렇게 행복해도 되는 걸까. 이 행복을 당연하게 여길 것이 아니라 여기에 대해 나도 무언가 베풀어야 하는 것이 아닐까.'

'인류의 양심'이라고도 일컬어지는 슈바이처는 사실 오래전부터 이 문제를 가슴에 품어 왔습니다. 주위의 수많은 사람이 고통과 근심에 시달리고 있는데 혼자서만 행복하게 살아도 되는 것일까. 그날 아침, 자리에서 일어나는 것도 잊은 채 생각에 생각을 거듭한 끝에 마침내 슈바이처는 문제의 답을 얻기에 이르렀던 것이지요.

'인류에 직접 봉사하는 삶'을 살기 위해 서른 살의 슈바이처가 택한 것은 의학 공부였습니다. 당시에 그는 이미 철학과 신학에서 각각 박사 학위를 취득하고, 신학부 교수직과 목사직을 병행하는 한편, 어려서부터 관심과 재능을 보였던 음악 방면으로도 활발한 저술 및 연주 활동을 벌이던 중이었습니다. 그런데 스물한 살 때 자신과 했던 약속을 실행에 옮기고자 그 모든 성취와 명성을 접고 새로운 도전에 나선 것이지요.

자신이 교수로 재직하던 스트라스부르 대학 의학부에 입학하여 7년여의 힘든 과정을 거쳐 의학 박사 학위를 취득한 슈바이처는 마침내 계획했던 프랑스령 적도 아프리카로의 출발을 강행했습니다. 주위의 만류도, 산적해 있는 난관도, 문명의 혜택으로부터 소외된 채 병고와 죽음의 공포에 신음하는 아프리카 원주민들의 의사가 되리라는 그의 각오를 꺾을 수는 없었습니다.

낡은 닭장을 개조한 진료실에서 시작된 그의 병원이 원시림에 만연해 있던 고통과 암흑을 밝힌 희망의 빛줄기가 되었음은 익히 아는 바와 같습니다. 슈바이처 박사가 밀림의 성자, 아프리카의 등불로 추앙받는 이유지요. 한데 그의 '철학'이라고 하면 고개를 갸웃거릴 독자가 없지 않을 줄 압니다. 슈바이처 박사가 철학자라고요?

그렇습니다. 의학 공부를 시작하기에 앞서 그가 신학과 철학에서도 박사 학위를 받은 바 있다는 사실을 위에 적었거니와 '생명에의 외경'이라는 그의 중심 사상은 환경 파괴와 생명 경시 풍조가 극으로 치닫고 있는 오늘이야말로 그 의미와 중요성을 거듭 곱새겨 볼 때가 아닌가 여겨집니다.

책갈피에 뿌려 둔 이야기를 앞질러 끌어와 여기에 사족을 그릴 필요는 없겠지요. 철학하는 사람도 아니면서, 제 주인공을 향한 평생의 경애만 믿고 천방지축 책 한 권을 꾸렸습니다. 해서 군데군데 '철학'이 설익었더라도, 최소한 그분이 독자 여러분께도 사랑스럽기를 희망합니다. 해서 그분의 음성이 여러분의 마음과 생각, 말과 행동에 어떤 변화나 울림을 가져올 수 있다면 글쓴이로서 더한 행복이 없겠습니다.

2014년 황영옥

프롤로그

무협지의 한 장면처럼

…… 무협지는 흔히 그렇게 시작된다. 바탕이 불량하지는 않지만 현재로선 별 볼 일 없는 건달일 뿐인 주인공이 주위의 구박 속에 찌질하게 살아간다. 건달은 마음속으로 늘 지금과는 다른 자신이 되기를 바라지만 길을 몰라 가슴이 답답하다. 그가 망나니짓을 하고 다니는 건 답답해서 가슴이 터질 것 같기 때문이다. 그런 어느 날 여느 때처럼 망나니짓을 하다 곤경에 처한 그를 지나가던 노인이 구해 준다. 건달은 노인에게 자신이 나아갈 길을 알려 달라고 간청하지만, 노인은 답을 주는 대신 수수께끼 하나를 던지고 홀연히 사라진다. 수수께끼를 풀면 X산 Y계곡 Z나무 밑을 찾아 보름달이 뜨기를 기다리라는 따위의 암호 같은 말을 남기고.

지난 4월, 봄비 내리던 날이었다.

그날은 내 열여섯 번째 생일이었다.

점심을 먹은 종호가 그날도 어김없이 내 이름을 부르더니 턱짓으로 교탁을 가리켰다. 비 때문에 평소보다 두 배쯤, 생일이라는 감상 탓인지 거기서 다시 두 배쯤 기분이 꿀꿀했지만, 나는 로봇처럼 고분고분 움직였다. 제법 알아서 기는 양이 기특하다는 듯 종호가 교탁 앞에 마주 선 내 머리통을 쓰다듬었다.

그날의 후식 메뉴는 '기절놀이'였다.

"준비!"

나는 숨을 들이마셨다.

"멈춰!"

나는 호흡을 멈췄다.

종호가 양손으로 내 목 양쪽 경동맥을 압박했다.

"1초!"

"2초!"

"3초!"

반 아이들이 합창으로 카운트를 시작했다.

"10초!"

나는 기절했다.

박장대소.

구경꾼들이 즐기는 건 기절한 아이가 술 취한 사람처럼 비틀거리며 쓰러지는 모습이다. 종호는 구경거리를 제공했다는 우쭐함을 즐기는 것일 테고. 매번 새로울 것도 없는 광경이 뭐 그리 재미있을까 싶지만, 뭐, 거기까지 내가 걱정할 필요는 없을 터였다. 쓰러지면서 교탁 모서리나 다리에 머리며 어깨를 찧는 불상사가 발생할 수도 있지만, 뭐, 그 이상 겁을 집어먹을 필요도 없다. 기절해서 7, 8초 길어야 10초면 대개는 저절로 정신이 돌아온다는 걸 아니까.

다음 날부터 시작되는 이틀간의 축제 준비 관계로 그날은 5교시 단축수업을 했다. 쉬는 시간도 5분씩만 주어져 노트 정리가 밀렸지만, 5교시가 자습이 된 덕분에 종례 전에 필기를 마칠 수 있었다.

필기한 노트를 종호의 사물함에 넣어야 내 일과는 끝이 난다. 종호가 책상에 엎드려 잠을 자거나 휴대폰을 들여다보며 보내는 수업시간은 물론, 쉬는 시간과 점심시간의 짬짬에도 그래서 나는 필기에 미친놈처럼 필기를 한다. 노트 두 권을 펼쳐 놓고 같은 내용을 두 벌씩 적으며 수업을 듣다가, 미처 손이 돌아가지 않아 비워 두고 넘어간 부분을 비는 시간에 베껴 넣는 식이다.

내가 손가락에 쥐가 나도록 정리한 노트는 다음 날 보면 검은 매직으로 휘갈긴 노래 가사나 라면 국물로 얼룩져 있기 일쑤였지만, 그딴 건 아무래도 상관없었다. 종호가 내게 그 일을 시키는 이유가 그저 나를 들볶기 위해서건 나중에라도 공부를 해 보려는 요량에서건, 내 입장에서는 눈곱만큼도 달라질 게 없었기 때문이다. 비유하자면 화장실 청소와 비슷하다고나 할까. 집에 가려면 청소 당번은 어쨌든 청소를 끝내야 하지만, 거기에 아이들이 무얼 누건 간섭할 권리는 당번에게 없다는 점에서.

고등학생이 되어 처음 맞는 축제였지만, 나는 종례가 끝나자마자 가방을 챙겨 교실을 나섰다. 처음엔 곧장 집으로 갈 생각이었을 것이다. 어쩌면 아침에 할머니가 끓여 놓은 미역국을 불퉁스럽게 밀치고 나온 일이 떠올랐을는지도 모른다. 한데 현관을 나서면서 막 우산을 펼쳐 든 찰나, 턱 밑으로 불쑥 뻗어 온 손이 천연덕스럽게 우산 손잡이를 낚아챘다.

"너, 머리 꼴이 이게 뭐냐. 쑥쑥 자라게 물 좀 줘야겠다."

우산을 쥐고 있던 손이 미처 허전함을 느끼기도 전에 내 우산은 벌써 저만큼 춤을 추며 멀어져 가고 있었다.

종호였다.

"…………."

내리는 비가 내 마음에 길고 긴 말없음표를 찍고 있었다.

종호가 교정을 건너 유유히 교문 밖으로 사라져 갈 동안.

이윽고 종호의 뒷모습이 시야에서 완전히 사라졌을 때에야 나는 빗속으로 느적느적 걸음을 떼어 놓았다. 봄비보단 장맛비에 가깝게 굵고 자욱한 빗발. 까짓 아무래도 상관없었다. 운동장을 가로질러 교문을 나선 발길이 집을 등지고 있음을 깨달았지만, 나는 걸음을 멈추고 싶지 않았다.

학교에서 30분 거리인 우리 집과 정반대 방향으로 30분쯤.

호수는 길이 막다른 곳에 숨은 듯 돌아앉아 있었다. 호수를 에워싼 둑길은 시들어 떨어진 밤꽃처럼 굵은 자줏빛 지렁이들 천지였다. 땅속으로 스며든 빗물 때문에 숨구멍이 막힌 지렁이들이 숨을 쉬기 위해 땅 위로 기어 나온 것이었다.

나는 지렁이들을 한 마리씩 밟아 뭉개며 어슬렁어슬렁 걸어갔다. 지렁이들에게는 진정 운수 사나운 날이 아닐 수 없었겠지만, 재앙에는 이유가 있는 것은 아니다. 재앙은 그냥 닥쳐오고, 닥치면 그냥 당할 수밖에 없으니까 재앙이다.

한데 둑길 어디쯤에서부턴가, 어떤 시선이 나를 좇고 있는 게 느껴졌다. 호수 건너편 둑길로부터 야트막하게 부풀어 오른 등성이에서 누군가 나를 지켜보고 있었다.

보는 눈을 의식한 이상 하던 짓을 계속하긴 떨떠름하고, 멈추려니 오기가 났다. 마음으로만 주춤대며 태연한 척 거리를 줄이는데, 어느 순간, 상대가 움직였다.

"자네, 뭘 찾고 있나?"

등성이를 내려와 내 앞을 막아선 사람은 은발의 노신사였다. 어디선가 본 적이 있는 듯 낯이 익은 인상이었지만 기억을 뒤적거리고 있을 계제가 아니었다. 어찌 됐든 '은발'도 '신사'도 뜻밖이어서 조금 긴장이 풀린 대신 나는 살짝 배알이 꼴렸다. 별로 크지도 않은 호수를 사이에 두고 내 일거일동을 빤히 보고 있었으면서 무슨 딴전인가 싶어 심사가 뒤틀렸던 것이다.

내가 대답이 없자 노신사가 조금 더 은근한 목소리로 물었다.

"아까부터 유심히 뭘 찾고 있는 것 같던데?"

"찾는 거 없는데요."

툭 던지듯이 내뱉고 나는 노신사를 지나쳐 걷기 시작했다.

신사든 양반이든 필요 이상의 관심은 '노 땡큐'다.

종호 하나만으로도 내 인생이 이미 차고 넘치니.

"찾는 게 아님, 누굴 기다리고 있는 겐가?"

질문이 뒤통수를 쫓아왔다.

나는 대꾸하지 않았다.

"아하, 이제 보니 자네 나한테 화가 난 게로군. 자넬 훔쳐보려던 건 아니었네만, 결과적으로 미안하게 됐네. 정중히 사과함세."

노신사가 내 뒤를 쫓아오며 소리쳤다.

나는 뒤돌아보지 않았지만 다소 의아해지기 시작했다. 등 뒤에서 급기야 헐레벌떡 뛰어오는 기척이 느껴졌기 때문이다.

상대가 시큰둥하면 대충 접고 말 일이지 이건 또 어떻게 돌아가는 시추에이션이란 말인가. 살짝 긴장한 뇌세포들이 다시금 경계경보를 발하려는 순간 비가 그쳤다. 내 머리 위로 우산을 받쳐 든 노신사가 가쁜 숨을 몰아쉬며 구시렁거렸다.

"늙었어! 내가 늙었다는 사실을 이젠 받아들여야 할까 봐! 휴! 심장이 터지는 줄 알았네."

그의 넋두리를 묵살한 채 나는 우산 밖으로 걸음을 옮겼다.

풀쩍 뛰어오르다시피 노신사가 우산을 다시 내 머리 위로 옮겨 왔다.

"젊은 나이에 대머리가 되고 싶나? 산성비 안 좋은 거 몰라?"

나는 그만 피식 웃지 않을 수 없었다. 그날은 세상 사람들이 단체로 내 머리 걱정을 하기로 한 날인가 보았다. 누구는 머리에 물을 주라고, 누구는 대머리가 되지 않게 조심하라고 아우성들이니. 해서 마음속으로 피식 실소를 흘렸을 뿐인데, 의외로 예리한 감각의 소유자인 모양인 노신사가 내 눈을 들여다보며 벌쭉 웃었다.

"좋아! 한결 좋아! 웃을 때 보니 자네도 아주 안 생긴 축은 아니군그래?"

"……."

"자, 이렇게 해서 드디어 우리 사이에 교감이 이루어질 수 있는 기본적인 환경은 조성이 된 것 같군. 그렇게 생각하지 않나?"

이번에는 내가 펄쩍 뛰어오를 차례였다.

(우리 사이는 무슨!)

(교감은 무슨!)

나는 이제 그만 집으로 돌아가야 한다고, 싹둑 소리가 들렸을 정도로 쌀쌀맞게 잘라 말했다. 어영부영 엮어 가다가 순간적으로 잡아채는 화법에 말려들지 않으려면 애초에 말을 섞지 않는 게 상책이다.

노신사는 잠시 뭔가를 생각하는 눈치더니 뜬금없이 물었다.

"자네 집은 예서 얼마나 걸리나?"

좀 전보다 목소리에 찰기가 떨어진 걸로 보아 집까지 따라붙을 작정은 아닌 듯했지만 나는 보다 확실하게 안전거리를 확보해 둘 필요가 있다고 생각했다.

"세 시간 걸리는데요."

"그래…… 우리 집은 10분이면 가네."

"……?"

"그러니까 내 말은……."

우산을 '자네'가 쓰고 가는 게 백번 타당하고 마땅하고 합리적이라는 것이었다. 정면만 지키고 있다가 뒤통수를 찔린 기분이었지만 나는 재빨리 정신을 가다듬었다. 그럴 수는 없으며 그럴 필요도 없고 그러고 싶지도 않다고 내가 딱 부러지게 거절하자, 노신사는 우산을 쓰고 가든지 여기서 자기와 대화를 계속하든지 양자택일을 하라고 우겨대기 시작했다.

"우산을 거부한다는 건 나의 진심 어린 사과를 끝내 거절하겠다는 의미로도 해석할 수 있겠지. 그건 남의 사생활이나 훔쳐보는 비루한 늙은이라는 꼬리표를 내가 죽을 때까지 달고 살아야 한다는 의미로 연결될 수 있겠고…….”

“사과, 받아들인 걸로 할게요.”

“그렇다면 쓰고 가게.”

“필요 없다니까요.”

“자네한테 필요 없다면 나한테는 더! 더! 더! 더! 더! 필요 없다는 결론을 내릴 수 있겠지. 수학적으로 보나 논리적으로 보나. 혹시 자네 눈엔 내가 이깟 비 좀 맞는다고 금세 명줄이 오락가락할 꼬부랑 늙은이로 보이나?”

“그런 말 한 적 없는데요.”

“내 말이 그 말이야. 그러니까 우산은 자네 거라는 거지.”

참으로 터무니없는 억지 뚱딴지 대마왕이었다. 〈개그콘서트〉를 방불케 하는 실랑이 끝에 우산은 결국 내게로 넘어왔고, 우산을 영영 돌려줄 수 없을 거라고 못 박는 것으로 나는 그와 엮이지 않겠다는 속내를 옹색하게 재천명할 수 있었을 뿐이었다.

“노 프라블럼! 노 프라블럼!”

노신사가 손사래를 치며 외쳤고, 그것으로 상황은 끝나는 듯 보였다. 한데 웬걸.

“그보다 말이야.”

“……?”

“아까 자네가 찾고 있던 것 말일세. 혹은 기다리고 있었거나. 거기에 대해 대화를 나눌 사람이 필요하면……."

"그딴 것 없다니까요! 내가 찾긴 뭘 찾았다고!"

나는 정말 넌더리가 나서 나도 모르게 소리를 빽 질렀다.

"아니면 뭐, 오다가다라도 생각이 나면, 이라고 해 두지. 사람 일은 모르는 거니까. 암튼……."

나의 짜증을 무시한 채 노신사가 손가락을 들어 호수 너머를 가리켰다.

"저어기 보이는 공터에서 버스를 내려 조금만 올라오면 거기가 민들레마을일세. 거기서 제일 나이 많은 늙은이를 찾으면 그게 바로 나야. 또 보세."

내 어깨를 한 번 툭 치더니, 노신사는 곧장 등을 돌려 휘적휘적 걸어가기 시작했다.

"늙은이 만나러 오면서 빈손이 무엇하면 지렁이나 몇 마리 잡아 오든지!"

노신사의 호탕한 웃음소리가 빗소리에 잦아들었다. 다음 순간 그의 뒷모습도 꿈결인 듯 등성이 너머로 사라지고, 비 내리는 호숫가에 나는 다시 혼자 남겨졌다.

(마치 무협지의 한 장면 같군.)

비에 잠긴 호수를 향한 채 잠시 멍해 있는 사이, 이죽거리며 뇌리를 스쳐 지나가던 문장이었다.

할머니가 이사할 때마다 끌고 다니는 아빠의 작은 책꽂이에는 낡은 전공 서적들 사이에 무협지 몇 권이 섞여 있었다. 노신사가 나타난 장면이, 사라진 장면이, 그의 괴짜 같은 행태가 그 무협지에서 읽은 내용들과 너무나 흡사했다. 굳이 대입하자면 나라는 등장인물의 찌질함도 무협지를 빼닮아 있었고.

생각이 거기에 미쳤을 때 나는 그만 피식 웃고 말았다. 웃고 나니 기분이 조금 밝아졌지만 그뿐이었다. 지렁이들만큼 운수가 사나웠달 수는 없지만, 나에게 그날은 내 꿀꿀한 생의 여느 하루와 다를 바 없는 꿀꿀한 하루로 간직되었을 뿐이다.

당연하게도, 그날의 조우가 자신의 삶에 드리우게 될 의미를 우리의 찌질한 주인공은 깨닫지 못한다. 우산이라는 증거가 아니더라도 꿈이 아니었던 건 분명하건만, 그는 백일몽을 꾼 셈으로 그 밤이 가기 전에 그날 일을 잊어버린다. 보름달이 뜨는 계곡을 찾아 길을 물을 궁리 따위는 꿈에도 없는 채 그는 이전과 다를 바 없는 찌질한 나날을 찌질하게 살아간다. 예기치 못했던 운명이 그를 민들레마을로 불러들이기 전까지는.

1

'그'가 내게로 걸어왔다

1.

할머니가 쓰러져 병원으로 실려 갔다는 연락을 받았을 때는 그야말로 하늘이 무너져 내리는 기분이었다. 4교시 체육 시간에 농구장에서 드리블 연습을 하고 있는데 담임 선생님이 오셔서 체육 선생님과 뭐라 얘기를 나누시더니 나를 불러내어 소식을 전해 주셨다.

할머니는 재활용 쓰레기 집하장에서 폐휴지를 분류하는 일을 하셨다. 아침부터 머리가 좀 어지럽다 어지럽다 하시더니 작업 도중 갑자기 쓰러지셨다고, 같이 일 다니는 B02호 아주머니가 학교로 연락을 주신 거였다.

눈물이 앞을 가리고 가슴이 와들거려서 어떻게 체육복을 벗었는지, 교복을 입었는지, 가방을 챙겨 병원으로 달려갔는지 전혀 기억이 나지 않는다.

세상에서 나를 울게 할 수 있는 사람은 할머니뿐이었다. 나는 늘 할머니가 아팠다. 할머니는 나의 아킬레스건이었다. 못된 송아지처럼 뻔대고 불퉁거리길 일삼았지만, 그건 할머니가 세상에 하나뿐인 나의 할머니이기 때문이었다.

고맙게도!!!!!!! 할머니는 고비를 무사히 넘어가 주셨다. 집하장 분들이 신속하게 구급차를 불러 준 덕분에 때를 놓치지 않고 할머니의 뇌혈관을 막고 있던 피딱지를 제거하는 수술을 할 수 있었던 것이다.

“괜찮아! 괜찮아! 혈전이 왼쪽 운동 신경을 건드리는 바람에 오른쪽 팔다리에 가벼운 마비가 오긴 했지만, 증세가 경미하니까 물리 치료 받고 운동 꾸준히 하면 곧 좋아지실 거야! 걱정 말고, 틈나는 대로 와서 할머니 말동무나 해 드려. 운동 열심히 하시게 응원해 드리고.”

담당 의사인 김수로 선생님께서 친절하게 설명해 주셨다. 말투도 생긴 것도 시원시원한 선생님이 할머니의 담당 의사가 된 것도 다행이라는 생각이 들었다. 병원으로 달려올 때보다는 한결 마음이 놓이고 기분도 밝아져서 나는 가벼운 발걸음으로 병실을 나섰다. 집에 가서 다음 날 수업이 든 교과서나 챙겨와 밤새 할머니 곁을 지켜 드릴 작정이었다.

걸어가면서 나는 생각했다.

(말동무? 당연히 해 드려야지! 저놈이 뭘 잘못 먹고 머리가 어떻

게 됐나 할머니가 걱정하실 정도로 고분고분, 조곤조곤, 나긋나긋하게.)

(물도 따라 드리고 물론 다리도 주물러 드려야지.)

(운동? 산책? 뭐든지! 뭐든지!)

'그분'은 흰 가운을 입은 의사 두 명과 대화를 나누며 복도 맞은편에서 걸어오고 있었다. 다른 두 명과 마찬가지로 흰 가운을 입고 목에는 청진기를 늘어뜨린 차림이었다.

거리가 멀지 않았기 때문에 나는 단박에 그를 알아보았다. 가운과 청진기를 빼면 그날 호수에서와 별반 다르지 않은 모습이었다.

(저 양반이 어째서 여기에?)

놀람과 동시에 나는 바로 옆, 문이 열려 있는 방으로 뛰어들었다. 그래야 할 이유가 있고 없고를 따지고 자실 것도 없는 찰나에 일어난 정신적·신체적 반사작용이었다.

잠시 후 고개를 빼꼼 내밀어 보니 가운 트리오는 사라지고 없었다.

나는 빈 소파 하나를 차지해 털썩 엉덩이를 부렸다.

그곳은 환자나 보호자들을 위한 휴게실처럼 보였는데, 내가 들어갔을 때는 마침 방이 비어 있었다.

(내가 왜 숨었지?)

자리를 잡고 앉자 우선 떠오르는 생각.

(또다시 붙잡혀서 넌덜머리나는 승강이를 하게 될까 겁이 나서.)

맨 먼저 떠오른 대답.

(그리고?)

(난처하고 멋쩍고…….)

(또 마주치면 어쩔 건데?)

(…….)

(또 숨어?)

(…….)

입에서 절로 한숨이 새어 나왔다. 인생만사 새옹지마라지만 불과 하루 사이에 다행과 불행이 이리 번갈아 깃발을 꽂기도 힘들 터였다. 더욱이 그 화룡점정이 '그분'과의 재회라니!

집에 다녀오려던 길이었다는 사실도 잊은 채 나는 생각에 잠겼다.

(할머니가 이곳에 입원해 있는 한 끝까지 숨기는 어렵겠지. 작정하고 피해 다닌다 한들 좁은 병원 안에서 의사와 환자 보호자가 불시에 맞닥뜨릴 가능성은 사방에 널려 있을 터.)

이 궁리 저 궁리 사이를 두서없이 헤집고 다니던 나의 의식에, 어느 순간, 뭔가가 걸렸다. 내가 찾던 고기는 아니었지만 그건 월척이었다! 어디선가 본 듯 만 듯, 떠오를 듯 떠오르지 않던 기억이 나의 해마에 더께 앉은 잡동사니들을 비집고 불쑥 떠올랐던 것이다. 담임 선생님이 병원 이름과 위치를 알려 주셨을 때, 언젠가 들어 본 적이 있는 이름 같다는 생각이 뇌리를 스치던 기억도 떠올랐다.

나는 앉았던 자리에서 펄쩍 뛰어올라 휴게실 한쪽에 비치되어 있는 컴퓨터 앞으로 달려갔다.

아프리카의 등불, 달동네를 밝히다

적도 아프리카에서의 헌신적인 의료 활동으로 노벨평화상을 받은 바 있는 알베르트 슈바이처 박사가 만년의 인술을 펼칠 터전으로 경기도 희망시 민들레마을에 '사랑의 병원'을 개원했다. 희망시는 수도권에 위치해 있지만 변변한 종합병원 하나 없는 의료의 사각지대로, 그동안 주민들은 대형 사고나 응급 환자 발생 등의 긴급 상황에도 매번 인근 도시나 서울의 큰 병원을 찾아야 하는 불편을 겪어 왔으며, 그런 사정으로 인해 제때에 적절한 치료가 행해졌다면 구할 수도 있었을 인명을 안타깝게 놓쳐야 했던 사례도 드물지 않았다.

거기까지 읽다 말고 나는 마우스를 움직이던 손을 들어 이마를 쳤다.

(이 얼굴을 몰라보다니!)

인터넷을 뒤져 찾아낸 묵은 기사에 그의 사진이 대문짝만하게 실려 있었다. 실물은 사진보다 훨씬 나이 들어 보였고, 그날 함께 있던 내내 그를 떼어 버리는 데만 급급해서 제대로 얼굴을 쳐다본 적이 없었던 점을 고려하더라도 이건 도무지 말이 안 되는 얘기였다. 그 정도 기본상식조차 없는 원단깡통은 아니라는 게 지지리 진상 볕 들 날 없는 인생의 유일한 자부심이었건만.

기사는 다음과 같이 끝맺어지고 있었다.

> 일용직 근로자를 비롯한 도시 영세민이 주를 이루는 이 지역 주민들에게 비영리 구호 기관의 성격을 띤 '사랑의 병원' 개원은 가뭄 끝에 만난 단비처럼 반가운 일이 아닐 수 없다. '밀림의 성자', '아프리카의 등불'로 추앙받는 슈바이처 박사의 인술이 도심 속의 오지 민들레마을에 어떤 꽃을 피울지 기대되는 바 크다.

(이제 어쩐다?)

갑자기 머리가 지끈거리기 시작했다.

'그분'이 '그분'이라는 사실을 알게 된 마당에 '원수는 외나무다리……' 운운은 불경스런 언사가 될 터였다. 우산을 빚지기는 했어도 '그분'과의 사이에 뭐, 원수를 졌달 일까지는 없었던 것도 사실이다. 하지만 댁과는 두 번 다시 얽힐 일 없을 거라고 그리 건방을 떨어 놓고 '그때는 그때, 지금은 지금'을 외치며 슬그머니 면상을 내밀기도 낯 뜨거운 노릇이 아닌가 말이다.

사람 일은 모른다던 '예언'을 환기시키며 병원 복도를 걸어오는 '그분'을 발견한 순간, 나의 뇌리를 스친 건 그런 의미에서 다음 한 줄일 수밖에 없었다.

○○는 외나무다리에서!

한데 그놈의 외나무다리를 밥 먹듯 건너다녀야 할 처지가 되고 말았으니.

설상가상으로, 문제의 우산마저 잃어버리고 말았다는 데 생각이 미쳤다. 전날은 감사했다는 정중한 인사와 함께 우산을 돌려줄 수 있다면, 역시 낯간지러운 노릇이기는 해도 그나마 병아리 눈물만큼은 버젓할 터인데. 언젠가 비 오는 날 과제물을 출력하러 문구점에 들렀다가, 나올 때 보니 입구의 우산꽂이에 꽂아 두었던 우산이 감쪽같이 없어졌던 것이다.

불시에 닥쳐온 '프라블럼'을 끌어안고 나는 끙끙거렸다.

결론은 하나, 외나무다리를 피할 길은 없다는 것.

(하긴 피할 길이 없으니 외나무다리지.)

한 가지 희망을 걸어 볼 만한 가능성은 저쪽에서 그날 일을 잊어버렸을지도 모른다는 거였다. 그럴 가능성은 충분했다.

(밀림의 성자이시며 아프리카의 등불이자 희망시의 등불이신 위대한 슈바이처 박사님께서 그깟 사소한 만남을 일일이 기억하고 계

실 리 없잖아. 매일 부딪치는 환자며 보호자만도 수십 명일 텐데. 내 외모에 뭐, 특별히 인상적인 구석이 있는 것도 아니고.)

생각을 거듭할수록 박사님이 나를 알아보지 못할 거라는 쪽으로 결론이 기울었다. 우산……이 좀 걸리긴 했지만, 박사님 정도 되는 분에게 그깟 우산 하나쯤 전혀 대수로운 문제가 아닐 수도 있지 않을까.

(그래, 기억 못 하실 거야. 게다가 그게 벌써 한 달 저쪽의 일인데.)

낙관 쪽에 한 표를 던지고 나자 머릿속이 조금은 개운해졌다. 사실 보기보다 나는 교통정리가 빠른 인간인 것이다. 그건 종호나 다른 아이들이 알지 못하는 나만의 비밀이자, 그 애들이 제멋대로 끼어들고 들락거리며 참견해 마지않는 나의 일상이 그들의 짐작보다 심플하고 쿨하게 흘러갈 수 있는 비결이기도 했다.

인기척에 놀란 꿩병아리처럼 고개부터 처박았던 깜냥하고는 꽤나 대담하게 나는 병원 복도를 걸어 나왔다. 하늘빛이 어느덧 군청색으로 짙어져 있었다. 할머니가 걱정하시기 전에 집에 들렀다 돌아오려면 서둘러야 했다. 나는 후다다닥 병원 뜰을 가로질러 빛의 속도로 언덕길을 굴러 내려갔다.

2.

거리 곳곳에 오색 등이 내걸렸다.

사월 초파일. 할머니가 입원하신 후 처음 맞는 공휴일이었다.

서툰 솜씨로 밀린 빨래며 청소를 하느라 나는 한나절이 겨워서야 마을 입구에 도착했다.

봄장마 사이에 반짝 갠 하늘이 청명했지만, 마을은 옅은 황사를 뒤집어쓴 듯 희끄무레한 정적에 잠겨 있었다. 희망시에 살면서도 전에는 와 본 적이 없는 마을이었다.

999번 종점에서 버스를 내리면 삼거리를 등지고 오르는 비스듬한 언덕길이 시작되고, 산자락을 따라 비닐하우스들이 듬성듬성 서 있는 풍경 속을 얼마간 거슬러 오른 곳에 민들레슈퍼의 작은 간판이 나타났다. 민들레슈퍼 말고는 흔한 분식집 하나 눈에 띄지 않는 외진 마을이었다.

종점이 바라보이는 골목을 따라 꼬막 같은 집들이 엎드려 있고, 먼눈에도 적막감이 느껴지는 빈집의 마당에선 이른 아침 해 널었을 빨래들이 주인 대신 하루해를 지키고 있었다. 빨래 주인은 아마도 이른 아침밥을 먹기 바쁘게 저녁거리를 벌기 위해 일터로 달려갔으리라. 할머니의 하루가 늘 그렇게 시작되던 것처럼.

시늪으로만 반쯤 당겨져 있는 녹슨 문짝들 옆으로, 여기저기 무너지고 부서져 내린 담장을 가려 주려는 듯 올망졸망 쪼그려 앉은 키 작은 화초들이 기특해 보였다.

마을 풍경이 눈에 들어오기 시작했다는 건 내게 그만큼 여유가 생겼다는 뜻이다.

입원 후 채 일주일이 지나지 않았지만 할머니의 병세는 조금씩 차도를 보이고 있었다. 치료도 치료지만, 빨리 털고 일어나야겠다는 할머니의 의지가 회복을 돕고 있는 게 분명했다.

병원에서 나온 식사를 한 톨 남김없이 싹싹 비워 내는 할머니를 보고 한번은 옆 침대의 할머니 환자가 살짝 경멸하듯 말했다. 스승의 날 기념식을 마치고 일찍 하교한 내가 간병인 아주머니 대신 할머니 식사 시중을 들고 있던 참이었다.

"댁은 식성이 무던해서 좋겠소잉. 우리 겉은 사람은 이누무 병원 밥이 당최 입에 맞덜 않아서……. 모래 씹는 데끼 입안에 뱅뱅 돌기만 하고 당최 목구멍으로 넘어가덜 않는당게."

희망시장에서 노점상을 한다는 아들 내외가 한 번씩 들를 때마다 입에 맞는 반찬을 해 오지 않는다며 강짜를 부린다는 할머니였다. 어딜 가나 한 명씩은 있게 마련인 공주병 환자인가 보았다.

할머니가 못 들은 척하자 공주병 할머니가 다시 드라이브를 걸었다.

"위장도 겁나게 실한갑소잉. 오리창시맹쿠로 아무 걸 먹으나 벨탈이 없응게. 우리 겉은 사람은 위장이 예민해서 당……."

'최'를 마저 뱉지 못하고 공주병 할머니는 기함을 하며 어깨를 움츠렸다. 할머니가 왼손에 들고 있던 물컵을 쿵! 소리 나게 탁자에 내려놓았던 것이다.

"백날 맥 놓고 누워 배겨도 동티 날 걱정 없는 만고강산 팔자믄사 석삼년쯤 탈탈 굶어도 배부르겠네. 입맛이고 위장이고 애시당초 걱정할 필요가 없겠구먼, 뭔 사설이랴?"

할머니의 반격에 6인용 병실 안이 웃음소리로 와그르르 끓어올랐다. 공주병 할머니가 샐쭉해서 시트를 끌어 덮고 누워 버린 뒤에도 웃음소리는 한동안 병실 안을 떠돌아다녔다.

나는 통쾌하면서도 콧등이 찡했지만, 그래도 맥 놓고 누웠기보단 씩씩한 할머니가 좋았다. 김수로 선생님도 그런 할머니를 흐뭇해하시는 눈치였다. 마음을 조급하게 잡수시면 안 된다고 선생님이 한

번씩 잔소리를 하시는 건 퇴원을 앞당길 욕심으로 할머니가 행여 무리라도 하실까 염려돼서일 것이다.

선생님은 마치 할머니의 마음속을 들여다보시기라도 한 것처럼 어느 늦은 밤 병실을 지키던 나를 불러 말씀하셨다.

"우리 병원에 대해서는 들어 본 적 있지? 이곳은 거의 전적으로 정부와 민간의 지원에 의해 운영되는 병원이기 때문에 환자 본인이 부담해야 할 병원비가 거의 없다는 것. 거동이 불편한 환자들에 대한 간병도 대부분 자원봉사자분들이 맡아 수고해 주시고 있으니까, 혹시라도 그런 부분에 대해 마음 쓰시지 않도록 할머니 안심시켜 드려."

물론 할머니는 병원비뿐만이 아니라 내 뒷바라지와 우리 두 식구 생활을 꾸려 갈 걱정 때문에도 그리 억척스레 아픈 몸을 재촉해 대고 있음이 분명했다. 그렇긴 하지만 내가 선생님께 들은 말씀을 전하자 할머니의 얼굴에는 한 짐을 덜어 놓은 듯 안도하는 기색이 역력했다. 할머니의 밝아진 안색에 내 기분도 쭈악 다림질이 되었음은 물론이다.

사실, 쭈악까지는 아니더라도, 내 마음의 주름살이 펴진 데는 또 한 가지 이유가 있었다. 병원을 드나들기 시작한 지 닷새를 헤아리는 오늘까지도 내가 우려해 마지않던 사태가 발생하지 않고 있었던 것이다.

활개를 치며 싸돌아다닌 건 아니지만 딱히 숨어 지낸다는 기분도 아니었다. 병실에만 납작 엎드려 보낸 하루 이틀이 지나면서 간덩이도 커지고 운수를 시험해 보고 싶은 모험심도 발동했던 것 같다. 할머니가 주무시는 시간을 이용하여 나는 살금살금 활동 영역을 넓혀 나갔다. 병실에서 복도로, 복도에서 휴게실로, 간밤에는 급기야 매점을 거쳐 로비에 이르기까지 살금살금.

한데도 외나무다리에서의 극적 상봉 따위는 이뤄지지 않았다.

(박사님이 어디가 편찮으신 것인지?)

(어디론가 여행이라도 떠나신 것인지?)

어느 쪽이든, 결론을 말하자면, 내 머릿속에 울리던 경계경보가 슬며시 해제되고 말았다는 것이다. 사흘만 무사하면 방심하게 마련인 게 인간이란 동물인즉.

내가 주로 병원에 출몰했던 시간이 야자를 끝낸 심야였다는 사실을 나는 간과하고 있었다. 건물 내부만이 아니라, 정원이며 현관이며 주차장에 이르는 병원 전역을 위험 지역에 포함시켜야 한다는 점 또한 나는 전혀 고려하지 않았다.

해서, 숫제 유유자적 병원 문을 들어서던 나의 앞길에 어떤 일이 기다리고 있었을지 짐작하기는 어려운 일이 아니리라. 방심의 결과가 불의의 사고로 이어지는 사례야 뉴스에도 드라마에도 얼마든지 널려 있으니.

노인은 응급실 근처에서 뭔가 작업을 하고 있는 중이었다. 커다란 바윗덩어리를 들어 옮기려는 모습 같았는데, 멀찍이서도 바위 무게가 만만치 않아 보였다. 불퉁스럽기는 해도 바탕까지 불량하지는 않다고 자부해 마지않는 어떤 인간이 어른 혼자 힘든 일을 하는 광경을 못 본 척 지나칠 수 없었음은 물론이다.

나는 달려갔고, 냉큼 바위를 맞들었다.

(!!!!!)

빙고!

바윗덩어리로부터 불끈 힘줄이 돋은 얼굴을 쳐든 사람은 슈바이처 박사님이었다. 찰나에 시선이 맞물렸고, 양손에는 무거운 바윗덩어리가 들려 있었다. 손을 놓으면 발등이 작살날 건 두말하면 잔소리. 옴짝달싹해 볼 여지가 없는 정면충돌이었다.

바위는 두 사람이 들어도 걸음이 비틀거려질 만큼 무거웠다. 불과 네댓 발짝 이동했을 뿐인데, 바위를 내려놓자 팔다리가 후들거렸다.

땀에 젖은 은발이 박사님의 이마에 찰싹 들러붙어 있었다. 의사라는 양반이 가운이며 청진기는 어디다 벗어던지고 허름한 작업복 차림으로 환자 아닌 바윗덩이와 씨름을 벌이고 계신 건지.

이제나저제나 참 일관성 있는 캐릭터였다.

엉뚱무쌍 예측불허의 원단뚱딴지.

엮여 들어 낭패 보기 전에 달아나야 했다. 얼쩡거리다 박사님이 나를 알아보시기라도 한다면 더구나 일이 어떻게 꼬일지 알 수 없는 노릇이었다. 던져진 삽자루와 파헤쳐진 흙더미 사이에 박사님을 팽개치고, 마음보다 2프로 싸가지가 부족한 몸이 먼저 줄행랑을 놓을 태세를 갖추었다. 바위에서 손을 뗌과 동시에 어깨를 틀어 박사님이 미처 숨을 고르시기 전에 한 발짝.

하지만 박사님은 보기보다 숨이 차지 않았던 모양이었다.

"자네도 아직 인텔리는 아닌가 보이. 나로선 천만다행한 일이로세."

두 번째 발이 땅에 닿기 전에 박사님의 다음 말씀이 날아왔다.

"하마터면 일개 돌덩이 때문에 인생 종 칠 뻔하지 않았는가 말일세."

"……."

"내가 이 돌덩이를 과소평가했어. 혹은 나 자신을 과대평가했거나."

쯧쯧, 혀 차는 소리를 무시하고 다시 마음을 도사리는데 박사님이 불쑥 악수를 청해 왔다.

"피차 흙 묻은 손이니까, 뭐. 암튼 고마웠네."

나는 엉겁결에 손을 내밀면서 얼른 고개를 꾸벅했다. 시선을 피하려는 반사적인 동작이었지만, 하고 보니 자연스럽게 하직 인사를 겸한 셈이 되었다.

인생은 타이밍이라고 했던가.

나는 무심한 척 팔꿈치를 끌어당겼다.

서둘고 있다는 걸 들켜서는 하등 유리할 게 없으니.

한데 웬걸!

박사님이 잡은 손을 놓아주지 않는 거였다.

착각인가 싶어 다시 팔을 당겨 보았지만 결과는 마찬가지였다.

"자네가 인텔리가 아니라니 말인데……."

잡은 손을 흔들면서 박사님이 다시 입을 열었다.

(그런 말 한 적 없는데요.)

곧장 대꾸가 튀어 나갔지만 머릿속에서였을 뿐이다. 그건 문맥상 적절한 대꾸가 아니었다. 그렇다고 달리 대꾸할 말도 없었다.

박사님의 은근한 목소리가 이어졌다.

"이 늙은이를 한 번만 더 도와주지 않겠나? 기왕의 무모함을 깨닫고 보니 또다시 도전을 하기가 겁이 나서 말일세."

박사님이 왼손을 들어 가리킨 곳에 아까와 비슷한 크기의 바위 하나가 놓여 있었다. 나는 그물에 걸린 바보고기처럼 눈을 끔벅거리며 멍하니 바윗덩어리를 바라보았다.

그나마 박사님이 나를 기억하지 못하시는 게 다행이라는 생각이 들었다. 그 생각이 틀렸다는 걸 그로부터 채 1분도 지나지 않아 깨닫

게 됐지만.

내가 팔의 긴장을 풀자 박사님이 잡았던 손을 놓아 주셨다.

나는 박사님을 외면한 채 앞장서서 바위 쪽으로 걸어갔다.

상황을 빨리 종료시키려면 알아서 움직이는 게 상책이다.

그런데……!

"자네 지렁이를 너무 많이 잡아 온 것 아닌가?"

마음이 화들짝 튀어 오른 만큼 몸은 한순간에 얼어붙었다. 귀신에게 덜미를 잡힌들 이보다 놀랄 수 있을까.

박사님이 바위 나르는 걸 거드느라 한쪽에 내려놓았던 비닐 쇼핑백에는 집을 나설 때 B02호 아주머니께서 할머니 드리라며 싸 주신 밑반찬이 들어 있었다. 지하 1호인 우리 집과 현관을 맞대고 살아오는 인연으로, 장미연립에 세 들어 사는 어느 주민보다 할머니와 내게 살가운 정을 쏟아 주시는 아주머니였다.

나는 바위와 박사님 사이에서 얼음이 되어 서 있었다.

운명의 수레바퀴는 늘 그런 식으로 제 갈 길을 굴러간다.

내 등 뒤에서 박사님이 다시 소리치고 있었다.

"우리가 작업을 마칠 때까지 지렁이들이 살아 있어 주겠지?"

3.

“내가 아프리카에 있을 때 일이야. 어느 해 가을 우리 병원이 있던 랑바레네 일대에 이질이 퍼져서 매일같이 하루 백 명이 넘는 환자들이 밀어닥치는 난리가 난 적이 있거든.”

박사님은 삽질을 멈추지 않은 채 즐거운 듯 이야기를 이어가셨다.

“환자는 넘쳐 나고 병실은 부족해서 애를 태우던 끝에 결국 병동을 한 채 급조하게 되었다네. 병원에 일손이 없다 보니 내가 직접 동료 두 명의 손을 빌려 가며 병원을 거의 짓다시피 했지.”

나는 안 들리는 척 삼태기에 흙만 퍼 담았다.

“지금은 이래 보이지만 몸으로 때우는 일이라면 나도 꽤 하는 편이었거든.”

허세 가득한 목소리로 박사님이 덧붙이셨다.

“하루는 나 혼자서 지붕을 이을 골함석을 끌어올리고 있는데 환자 보호자로 보이는 청년이 나무 그늘에 앉아 있는 게 눈에 띄더군. 그래서 그를 소리쳐 불렀지. '여보게, 잠깐 손 좀 빌리세!' 그러자 청년이 그늘에서 일어나지도 않은 채 나를 힐끗 쳐다보더니 대답하는 거야."

나는 살짝 구미가 당겨서 은근히 귀를 세웠다.

청년이 뭐라고 대답했을지 궁금했다.

박사님이 청년의 말투를 흉내 내어 말했다.

"저는 인텔리입니다. 그런 험한 일은 하지 않습니다."

나는 풋, 웃음을 터뜨릴 뻔했다.

뛰는 놈 위에 나는 놈이 있었다니.

박사님을 한 방에 보내 버린 왕싸가지 청년의 소행이 어처구니없는 한편으로 고소하고 통쾌했다.

눈치 백 단 박사님이 어느새 내 표정을 읽으셨는지 넌지시 낚싯대를 던져오셨다.

"그래서 내가 뭐라고 대꾸했을 것 같나?"

나는 순순히 낚싯밥을 물기로 했다.

"뭐라고 대꾸하셨는데요?"

박사님은 관객의 궁금증이 무르익도록 잠시 뜸을 들였다가 입을 여셨다.

"자넨 운이 좋은 사람이구먼. 나도 원래는 인텔리가 되려 했지만 뜻대로 되지 않았다네."

박사님은 응급실 진입로를 보수하던 참이라고 했다. 겨울 동안 얼었던 땅이 녹으면서 지반이 약해진 위에 봄장마가 이어지자 비포장인 진입로에 10미터가량 균열이 생긴 것이었다.

박사님을 도와 바위부터 날라 놓은 다음, 나는 일단 병실에 들렀다가 다시 작업장으로 내려갔다. 할머니는 텔레비전을 보시고, 아주머니의 밑반찬은 냉장고에 넣어 두었다. 기왕 들켜 버렸으니 더는 박사님과 숨바꼭질을 할 이유도 없어졌다. 어디로 튈지 모르는 뚱딴지 놀음에 걸려드는 건 여전히 경계할 필요가 있었지만, 한편으로는 박사님과의 그런 승강이가 슬슬 재밌어지기 시작하는 참이었다.

진료동과 입원동을 겸하는 본관 한 동으로 문을 연 '사랑의 병원'에는 개원 후 1년이 넘은 지금까지도 사람 손을 필요로 하는 곳이 한두 군데가 아니었다. 구급차를 세워 두는 주차장 역시 지난 비에 한쪽 귀퉁이가 내려앉은 상태였고, 이제 막 골조를 올리기 시작한 별관 공사 현장에는 콘크리트 작업을 하고 남은 시멘트 부대가 비에 젖은 채 방치되어 있었다.

어느 쪽이든 손이 가야 할 일이기는 매한가지였지만, 긴급 환자를 실어 나르는 응급실 진입로 복구는 그중에서도 화급을 다투는 작업이 아닐 수 없었다.

나는 박사님이 지시하시는 대로 부지런히 흙을 퍼 옮겼다. 억지로 엮이는 건 질색이지만 마음이 우러나면 나도 나름 최선을 다할 줄 아는 인간인족.

태어나서 처음 해 보는 삽질이었다. 텔레비전 같은 데서 남들 하는 걸 보면 일도 아닌 것 같았는데 막상 해 보니 장난이 아니었다. 시작한 지 한 시간도 안 되어 셔츠는 땀범벅이 되고, 빨갛게 물집자리가 잡힌 손바닥은 갈수록 통증이 심해졌다.

한데 박사님은 도무지 삽질을 멈출 기색이 아니었다. 이팔청춘 허우대 멀쩡한 인간이 이쯤에서 손을 들고 만다면 어찌 사나이 대장부라 할 수 있으리오.

"어때, 할 만한가?"

중간에 한 번, 박사님이 허리를 펴고 물었을 때 나는 힘들다는 실토 대신 에둘러 반문했을 뿐이었다.

"이런 일을 항상 손수 하세요?"

묻고 보니 내 목소리가 내 귀에도 깜짝 설게 들려서, 돌이켜 보니 나 스스로 박사님께 질문을 한 게 이번이 처음이었다. 박사님만이 아니라 누구에게도 나는 먼저 질문을 하는 인간이 아니었다. 질문은 커녕 대답조차 피치 못할 경우에만 짤막하게, 아니면 그저 침묵으로 일관하기 일쑤였는데.

박사님은 삽질을 멈추지 않은 채 고개만 끄덕이셨다.

"집은 기술자들이 짓고, 나를 도와주러 온 젊은 의사들이 서넛 되니 환자들도 걱정이 없지만 이런 일은 내가 아니면 할 사람이 없다네. 이게 내 전공이라니까."

푸념보다는 잘난 척에 가까운 말투였지만, 나는 문득 가슴이 뭉클했다. 사실 박사님이 여기서 이 고생을 하실 이유가 무엇이란 말인가. 서둘러지는 마음과는 따로국밥으로 브레이크를 걸어오는 팔다리를 타이르며 나는 다시 삽자루를 다잡아 쥐었다.

(아자아자아자! 갈 데까지 가 보는 거야!)

레나 아주머니께서 간식을 준비해 놓았다며 부르러 오시지 않았다면 삽자루든 나든 둘 중 하나는 부러지고 말았을 것이다. 아마도 십중 구구구구구는 삽자루보다 내가 먼저.

레나 아주머니는 40여 년간 박사님을 뒷바라지해 온 헬렌 부인이 세상을 떠난 뒤 어머니를 대신해서 박사님을 모셔 오고 있는 박사님의 외동따님이라고 했다.

두 분은 병동 뒤쪽에 임시로 마련한 거처를 살림집으로 쓰고 있었다. 병원을 지을 때 인부들이 숙소로 사용하던 가건물을 살림집으로 개조한 것이었다. 사택을 지어야 하지만 두 식구 생활하는 데는 지금 거처로도 불편이 없다고 박사님이 우기셔서 나중으로 미뤄 두고 있는 중이라고 했다.

"'백지장도 맞들면 낫다'는 코리언 속담이 실감된 시간이었네."

레몬차에 곁들여 나온 베이글을 오물거리며 박사님께서 말씀하셨다.

"백지장, 아니었는데요."

내 입에서 냉큼 튀어나간 대꾸에 나는 또 놀랐다.

(어째서 자꾸만 나 아닌 내가 되어 가고 있단 말인가.)

박사님 나름의 고맙다는 표현에 살짝 뿌듯했던 건 사실이었다. 드문 일이기는 하지만 어쩌다 기분이 괜찮을 때면 나도 한마디쯤 경쾌한 말장난은 즐길 줄 아는 인간이다. 하지만 누가 봐도 이건 거의 변덕 수준이 아닌가. 이런 식으로 가다가는 조만간 〈우리 아이가 달라졌어요〉에 출연하게 생기지 않았는가 말이다.

"하긴, 백지장보다 쬐끔 무겁기는 했지. 인정함세. 뭐 그리 정색을 하고 따질 정도는 아니었지만 말이야."

박사님이 인심 쓰듯 말씀하셨다.

(정색은 누가?)

(따지기는 누가?)

하지만 그게 박사님식 화법이라는 것쯤은 나도 이제 알 만큼 안다. 아는 정도가 아니라 그 화법에 나도 슬슬 전염되어 가고 있는 게 느껴질 정도니까.

찻잔을 집어 들며 박사님이 말머리를 돌리셨다.

"그러니까 그게 지렁이가 아니었단 말이지?"

"……?"

"할머니 반찬 말일세."

"아, 네."

"걱정이 많겠구먼. 그래, 어쩌다가 입원까지 하시게 됐나?"

나는 그간의 일을 간추려서 말씀드렸다.

고개를 끄덕이며 설명을 듣고 난 박사님께서 이분이 그분 맞아? 싶게 진지해진 얼굴로 나를 건너다보셨다.

"그만하길 다행일세. 크게 걱정하지 않아도 될 것 같구먼. 나도 따로 챙겨 보겠지만, 김수로 선생같이 좋은 의사가 돌봐 드리고 있으니 안심해도 될 게야."

"감사합니다."

"나한테 감사할 건 없네만, 뭐, 나쁘진 않군. 이제야 자네가 대화의 기술이란 걸 눈곱만큼은 터득해 가고 있는 것 같으니."

박사님의 말투는 어느새 평소대로 돌아와 있었다.

차를 한 모금 마시고 나서 박사님은 다시 베이글 한 조각을 집어 드셨다.

"시장할 텐데 좀 권하시지 않고 혼자서만……."

부엌에서 나온 레나 아주머니가 상냥한 목소리로 박사님께 핀잔을 주었다.

"체면이 이기나 시장이 이기나 내기라도 벌이고 있는 중인가 본데, 뭘."

박사님은 천연덕스럽게 받아넘기고 나서 아주머니께 구급약 상자를 좀 가져다 달라고 부탁하셨다.

안으로 들어갔던 아주머니가 약 상자를 가지고 돌아오셨다.

"좀 들어 봐요, 응? 대단한 건 아니지만."

상자를 박사님께 건넨 아주머니께서 나를 쳐다보며 정답게 권하셨다.

"그보다…… 잠깐."

박사님이 손사래를 치며 끼어들더니 탁자 너머로 불쑥 손을 내밀었다.

"자네 손 좀 줘 보게."

"……?"

"손 좀 달래도."

내가 주뼛주뼛 손을 내밀자 박사님은 내 손을 잡고 손바닥을 들여다보시더니 쯧쯧 혀를 차며 말씀하셨다.

"이런 미련퉁이가 있나! 물에 빠진 생쥐 꼴로 비를 맞고 돌아다닐 때부터 내 진작 알아보긴 했지만."

물에 빠진 생쥐를 아신다면 혹 비 맞은 중도 알고 계실는지. 상자에서 연고를 꺼내 물집자리에 바르고 밴드를 붙이는 내내 박사님은 비 맞은 중처럼 구시렁거리기를 멈추지 않으셨다.

"고집불통 바보 멍청이 미련곰탱이……."

욕을 실컷 얻어먹고 나자 배가 불렀다.

마음이 부르다는 말이 가능하다면 아마도 마음이.

상자 뚜껑을 닫으며 건너다보시는 박사님의 눈빛이 따뜻했다.

"물에 손 넣지 말고 하루쯤 조심하면 곧 아물 걸세. 문제는 손이 아니라……."

박사님이 베이글 접시를 내 앞으로 밀어 놓으며 말을 이으셨다.

"미련한 거 그거 방치하면 큰 병 되거든. 이게 그 병에 아주 잘 듣는다네. 먹어 두라고."

내가 움직이지 않자 박사님은 손수 빵 두 쪽을 집어 하나는 내게, 하나는 당신 입으로 가져가셨다.

"사실 나도 식탐이 있는 인간은 아니라네. 그저 약이다 생각하고 꾸역꾸역 먹어 두는 거지. 눈치 챘겠지만 실은 나도 증세가 좀 심해서 말이야."

레나 아주머니가 손으로 입을 가리며 호호 웃었다.

박사님은 시치미를 뚝 떼고 덧붙이셨다.

"자네가 쬐끔 더 중증인 것 같기는 해. 자네 핑계 대고 한숨 돌릴까 하고 자네가 먼저 백기를 들기만 이제나저제나 살피고 있었거든."

입귀가 실룩거려져서 나는 얼른 베이글을 입으로 가져갔다. 베이글을 베어 문 박사님의 입가에도 미소가 오물거리고 있었다.

"떡 본 김에 제사 지낸다던가? 그 말도 내가 엄청 좋아하는 속담이기는 한데……."

박사님이 아쉬운 듯 중얼거리셨다.

아주머니가 어리둥절한 얼굴로 박사님을 바라보셨다.

(걱정 마세요, 박사님.)

나는 마음속으로 중얼거렸다. 오늘만이 아니라 앞으로도 주말마다 와서 박사님 허드렛일을 도와 드려야겠다고, 나도 모르는 내가 나도 모르는 사이에 결심을 해 버렸던 것이다.

통밀로 구운 베이글은 고소하고 레몬차는 향긋했다.

열린 창으로 부드러운 바람이 불어 드는 봄날 오후.

그렇게 박사님이 내 인생으로 걸어 들어오셨다.

2

세 가지 질문

1.

박사님이 나를 볼 때마다 지렁이를 들먹인 건 전날 호수에서의 못된 짓을 빗대어 나무라는 뜻인 줄만 알았다. 한데 알고 보니 꼭 그런 것만은 아니었다. 뜻하지 않은 순간에 뜻하지 않았던 질문을 던지는 것으로 정신이 번쩍 들게 나를 꾸짖으신 셈이 되기는 했지만.

보행기를 잡고 복도를 두 번 왕복하는 것으로 오늘 운동을 끝내신 할머니가 살짝 잠이 든 걸 보고 내려갔을 때 박사님은 뒤뜰에서 샘과 조를 돌보고 계셨다. 샘과 조는 박사님이 기르는 수탉들의 이름이다.

민들레마을에 병원을 열고 얼마 되지 않았을 때 박사님은 레나 아주머니와 함께 희망시장으로 생필품을 사러 나갔다가 샘과 조를 만나셨다고 한다. 샘과 조는 싸움닭이었다.

닭 주인은 구경꾼들로부터 내깃돈을 받고 두 마리를 싸움 붙인 뒤 승패가 결정 나면 이긴 닭 쪽에 돈을 걸었던 사람들에게 판돈의 일부를 나눠 주고 나머지를 자신이 가지는 식으로 영업을 하고 있었다. 시장을 둘러보다가 우연히 투계장 옆을 지나가게 된 박사님은 볏이며 몸뚱이가 피투성이가 된 채 서로 물어뜯으며 싸우는 닭들의 모습을 보고 너무나 가슴이 아프셨다고 한다. 그래서 팔지 않겠다고 버티는 주인을 어렵게 설득하여 상당한 값을 치르고 그 자리에서 둘을 데려오셨다는 것이다.

"샘과 조라는 이름은 내가 붙여 줬다네. 저희도 원래 불리던 이름이 있었을 텐데, 그때 내가 좀 흥분했던지 집에 돌아온 뒤에야 주인에게 이름을 물어보지 않았다는 생각이 났지 뭔가."

샘과 조를 내게 처음 소개해 주시던 날 박사님이 들려주신 설명이었다.

"그 뒤에도 장에 나갈 일이 몇 번 있었지만, 혹시라도 그 주인이 또 다른 닭들을 구해서 같은 짓을 벌이고 있는 걸 보게 되지 않을까, 그 생각이 끔찍해서 그 자리에 다시 가 볼 수가 없었다네. 그래서 얘들한테는 좀 미안한 대로 부르기 쉽고 친근한 새 이름을 붙여 주게 된 거지."

오늘 박사님은 좀 심각한 표정이셨다.

"날마다 이것도 참 할 짓이 아니야……."

닭장 앞에 쭈그리고 앉아 절레절레 고개를 젓는 모습이 뭔가 편찮은 일이 있으신 모양이었다.

"샘과 조한테 무슨 문제가 생긴 건가요?"

박사님 옆에 쪼그리고 앉으며 내가 여쭤 보았다.

"아닐세, 이 녀석들이야 늘 원기왕성하지."

"그럼……?"

"이 지렁이들 말이야……."

"지렁이들이 왜요?"

"닭들을 살리자고 매일 이렇게 지렁이를 죽이는 것이 정당한 일일까?"

"……?"

"자네도 알겠지만 닭은 원래 잡식성이야. 지렁이나 메뚜기 같은 동물성도 먹지만 곡식도 먹고 채소도 먹지. 그런데 이 녀석들은 투계로 길들여지는 과정에서 완전히 육식에 맛을 들인 모양이야. 쌀이나 좁쌀을 뿌려 줘도, 상추나 배추 잎사귀 같은 걸 넣어 줘도 통 먹으려 들지를 않더라니까."

"……."

"상상해 보게. 온몸이 찢기고 뜯겨 만신창이가 된 녀석들이 잘 먹지도 않고 죽은 듯이 늘어져 있는 꼴을 말일세. 참 얼마나 가엾던지!"

박사님이 들려주시는 옛일 따윈 까맣게 잊어버린 듯 샘과 조는 볏을 맞비비며 저희끼리 장난을 치고 있었다.

박사님의 말씀이 이어졌다.

"나는 결단을 내려야만 했네. 녀석들을 굶겨 죽일 것인지 아니면 녀석들을 살리기 위해 매일 지렁이 몇 마리씩을 죽여야 할 것인지를 말일세."

"……."

"결국 나는 지렁이를 죽이는 쪽을 택했지. 하지만 지렁이들이 아직도 살아서 꿈틀거리며 녀석들의 입 속으로 사라지는 광경을 지켜볼 때마다, 이렇듯 매일 내 손으로 저 가련한 생명들을 희생시킬 수밖에 없는 현실이 괴로워서 견딜 수가 없다네."

"겨우 몇 마리씩이잖아요?"

내 질문은 경솔했다.

박사님의 얼굴이 좀 더 어두워졌다.

"그게 그렇게 간단히 말해질 수 있는 문제일까? '겨우 몇 마리'의 생명은 '겨우 몇 마리'이기 때문에 소중하게 취급되지 않아도 되는 것일까?"

나는 얼굴이 뜨거워졌다.

사라질 수만 있다면 그 자리에서 뿅 사라지고 싶었다.

기분이 꿀꿀할 때마다 했던 못된 짓들이 광고 영상처럼 번쩍번쩍 머릿속을 스치고 지나갔다.

박사님의 목소리가 조금 높아졌다.

"혹은 어떤 생명은 더 중요하고, 어떤 생명은 상대적으로 중요하지 않다고 말할 수 있을까? 다른 생명을 파괴해서라도 살려야 하는 생명이 있고, 다른 생명을 살리기 위해 희생되어도 좋은 생명이 있다고 말할 수 있을까?"

나는 대꾸할 수 없었다.

아니, 대꾸할 자격이 내겐 없었다.

박사님이 손을 털며 앉은자리에서 일어나셨다.

"대답하려고 애쓰지 말게. 쉽게 대답하려 들지도 말고. 이건 결코 간단한 문제가 아니라네."

"……."

"날이 좀 덥지?"

"……."

"들어가서 뭐 시원한 거라도 한 잔 마시자고."

"……."

"이봐!"

박사님이 갑자기 내 등을 탁 치셨다.

"네?"

"자네 지금 내가 한 얘기 때문에 심각해진 건가?"

"아, 네에, 뭐……."

"일단은 지우게."

"네?"

"지우라고. 지우개 몰라? 지금 자네 머릿속에 있는 것들을 지우개로 싹싹 지워 버리란 말일세. 앞으로 그 문제에 대해 차근차근 접근해 볼 기회가 있을 테니."

이번에는 격려하듯 내 어깨를 가볍게 두드려 주시더니 박사님은 휘적휘적 앞장서 걸어가기 시작했다.

"목 좀 축이고 나서 우리 미련퉁이들끼리 또 오늘 일을 시작해 보자고!"

일기장을 펼쳤다가 덮고, 불을 끄고 누웠다가 다시 일어나 앉았다. 스탠드를 켜고 다시 일기장을 펼쳤지만 선뜻 펜이 움직여지질 않는다. 어디서부터 실마리를 풀어야 할지 몰라서가 아니라, 실마리를 잡아당기기가 선뜻 내키지 않았기 때문이다.

나는 누구에게든 내 이야기 하기를 좋아하지 않는 사람이다. 이야기는커녕 이름을 밝히는 것조차 꺼리는 경향이 있는 게 사실이다. 내 이름을 듣는 순간 상대방의 얼굴에 떠오르는 비웃음을 보는 것이 결코 즐거운 일일 수는 없기 때문이다.

사람들이 내 이름을 비웃는 건 내 이름 석 자에 거품이 끼어 있다고 느끼기 때문일 터이다. 거품이 끼어 있다 함은 내 이름이 풍기는 이미지와 나의 현주소 사이에 얼마간의 거리가 있다는 뜻이다. 사람보다 이름이 좀 튄다고 하면 알아듣기 쉬울 것 같다.

하지만 간단히나마, 내 이야기를 하지 않을 수 없는 상황이 닥친 것 같다. 여기까지 와서 이름을 밝히지 않는 것도 매너는 아닐 것이다. 여전히 내키지는 않지만 어쩔 수 없다. 듣기에 따라서는 해명이나 변명으로 오해될 소지가 없지 않지만, 내가 의도하는 건 해명도 변명도 아닌, 약간의 설명일 뿐이라는 걸 다만 밝혀 두고 싶다.

원대한.

내 이름이다. 나를 처음 '대한'이라고 부른 사람은 물론 우리 아빠다. 매사에 느긋하고 활달하고 유쾌한 성품이었다는 아빠는 내가 태어나기도 전에 대한이라는 이름을 지어 놓고 원대한! 원대한! 노래를 부르고 다니셨다고 한다. 할머니가 전해 주신 얘기다.

불행히도 내겐 그런 아빠에 대한 기억이 없다. 내가 걸음마를 배우기 전에 아빠가 세상을 떠나셨기 때문이다.

엄마는 아빠가 돌아가신 후 그냥 '떠났다'고 했다. 그 말 외엔 할머니가 한마디도 하신 적이 없기 때문에 엄마에 대해서는 아빠에 대해서보다 더더욱 아는 게 없다.

공대를 졸업하고 대기업에 입사했던 아빠는 더 큰 꿈을 위해 이 내 다니던 직장을 그만두고 맨손으로 자동차 부품 재생 공장을 시작하셨다. 직원 두 명과 단출하게 출발한 공장이었지만, 아빠는 열정적으로 일했고 전망도 괜찮은 편이었다고 한다.

아빠는 공장 식구들과 야유회 겸 등산을 갔다가 다시는 돌아오지 못하셨다. 등반 도중 실족한 직원을 잡으려다 낭떠러지 아래로 떨어져 그 자리에서 눈을 감으셨다는 것이다.

할머니는 내가 아빠와 같은 사람이 되는 걸 바라지 않으셨다. 정확하게 말하자면 아빠처럼 거침없이 세상을 달려가다 발을 헛디디는 일이 내 인생에도 일어날까 두려워하셨다.

나는 늘 조심하라는 말을 들으며 자랐다. 뭐든 양보해라, 져 줘라, 지는 게 이기는 거라는 말도 귀가 따갑게 들었다. 심지어 초등학교에 들어가기 전까지는 옷도 거의 빨간색만 입었을 정도였다. 차라리 여자아이처럼 키워서라도 나를 지키겠다는 일념이 그로 인해 발생할 다른 문제들을 보지 못하도록 할머니의 눈을 흐려 놓았던 것이다.

초등학교에 입학하면서 옷 색깔은 나아졌지만 가방과 필통과 신발은 여전히 분홍이나 빨강 일색이었다. 덕분에 나는 이름보다 자주 '빨개맨'이라는 별명으로 불려야 했고, 한번 붙은 별명은 학년이 올라가고 반이 바뀌어도 따돌려지지 않았다.

할머니를 원망하는 건 아니지만, 나의 파란만장한 학창시절이 거기서부터 비롯되었다는 것만은 부정할 수 없는 사실이 아닐까.

중학생이 되면, 고등학교에 올라가면 상황이 달라질 수도 있을 거라는 기대는 늘 기대에 그치고 말았다. 무리 가운데서 먹잇감을 발견해 내는 아이들의 후각에는 놀라운 바가 있었다. 학년이나 학교가 바뀌어 새로 반을 배정받고 일주일이 지나기 전에 아이들은 내가 학교생활의 따분함을 달래 줄 산소 같은(!) 존재라는 걸 귀신같이 냄새 맡곤 했던 것이다.

아이들은 내 교과서와 체육복을 가져갔고, 과제물과 준비물을 감추었고, 내게 필기와 청소와 심부름을 시켰다. 반면에 나는, 일일이 열거하고 싶지 않은 이딴 일에 적응하는 데 시간을 낭비하고 싶지 않았기 때문에, 모든 상황을 거의 언제나 신속하고 쿨하게 받아들였다.

어쩌면 지는 게 이기는 거라는 할머니의 오랜 세뇌 덕분에?

그렇다기도 아니라기도 조금씩은 애매한 부분이 있다.

어쨌든 나는 대체로 조용하고 무난한 아이였으며, 아이들로부터 자유로운 시간에는 주로 책을 읽었다. 독서와 공부를 구분할 필요가 없는 인생을 살아오신 할머니는 내가 공부를 좋아하는 게 아빠를 빼닮았다고 말씀하셨다. 하긴 공부도 석차 한 자릿수를 넘은 적은 없으니 할머니 말씀이 맞을는지 모른다. 애석하게도 아빠의 활달하고 유쾌한 성품은 물려받지 못했을지 모르지만.

공부는 수재 소리를 들었다는데, 이과였던 아빠의 독서 범위는 과학 서적 몇 권과 무협지 수준에 머물렀던 것 같다. 물론 집에 남아 있는 책의 종류로 미뤄 봐서 그렇다는 뜻이다.

아빠가 도서관에서 훨씬 다양한 종류의 책을 빌려 봤을 가능성을 생각해 볼 수 있지만, 아무튼 할머니는 공부 잘하는 아들에게 책조차 마음 놓고 사 줄 수 없었던 형편을 이제까지도 안타까워하셨다. 어려웠던 형편에도 불구하고 아빠의 책꽂이에 무협지들이 꽂혀 있는 것으로 나는 아빠가 한때 무협의 세계에 탐닉했던 시절이 있으리라 짐작하는 것이고.

당연히 나의 독서는 무협지로부터 시작되었다.

다른 아이들이 만화를 볼 때 나는 무협지를 읽었다.

어린아이가 어떻게 무협지의 내용을 이해하냐고?

노!

나는 다 이해했고, 읽을 때마다 흥미진진했다.

무협지 속에서 나는 아빠와 함께 장풍을 날리고, 축지법을 써서 산과 들을 주름잡았다. 나는 읽고 읽고 또 읽었다. 무협지를 졸업하고도 읽기를 멈추지 않았다. 책을 읽는 동안은 외롭지 않았다. 아빠 자리를 비우면서 아빠는 내 곁에 책을 놓아 주신 것이었다. 아빠의 유산은 단순한 무협지 몇 권이 아니었던 셈이다.

하지만 삶은 책만으로 살아지지 않았다.

나의 내공은 아직 거기에 이르지 못했다.

책도 읽히지 않고, 읽어도 도움이 되지 않을 때 나는 무엇을 했나.

결국 이 대목에 이르고 보니 다시 낯이 뜨거워진다.

박사님은 지우라 하셨지만, 지우기엔 너무 많았다.

너무 많았다!

지렁이, 개미, 매미, 방울벌레, 대벌레, 바퀴벌레, 기타 등등.

기분이 꿀꿀할 때마다 눈에 띄는 그것들을 밟아 뭉개곤 했다.

무심히, 낙엽을 밟듯 아무런 가책도 없이.

시작은 나를 여자라고, 겁쟁이라고 놀리는 아이들에게 겁쟁이가 아니란 걸 보여 주려는 안간힘에서 비롯되었을 것이다. 하지만 누가 보고 있을 때보다 혼자 있을 때 더 자주 나는 나의 용기를 시험해 보기에 이르렀다. 솔직히 나는 겁이 많은 아이였고, 아이들에게보다 나 자신에게 내가 겁쟁이가 아니란 걸 증명할 필요가 있었던 것이다.

물론 이것이 해명이나 변명이 될 수 없다는 걸 알고 있다. 더는 나를 겁쟁이라 놀리는 아이들이 없어진 뒤에도 나는 하던 짓을 멈추지 않았으니까.

여기서 '왜?'라는 질문은 무의미하다.

거듭 말하지만 그저, 무심히, 였을 뿐이다.

아이들이 나를 괴롭히듯 쥐나 고양이나 강아지를 괴롭히고 있을 때도 아이들이 내게 한 짓을 쥐와 고양이와 강아지에게 갚아 준다는 생각 따윈 없었다. 아무 생각도 없었고, 느낌도 없었다. 재미도 없었다.

돌이켜볼수록 끔찍한 건 바로 그 무심이었다. 초등학교 때로 거슬러 올라가는 기억의 어디를 뒤져 봐도 떠오르는 건 무심하고 무표정한 얼굴뿐이었다.

가장 끔찍한 것은 모레도 글피도 무심한 얼굴로 그런 짓을 계속했을 거라는 생각이다. 아무 생각도 없었을 때는 아무 생각도 없었는데, 마치 생각하는 안경을 낀 것처럼 생각하면서 돌아보자 생각이 꼬리에 꼬리를 물고 일어났다. 박사님이 바꿔 끼운 안경알 덕분에 내가 아직 잠들지 못하고 있다는 걸 슈바이처 박사님은 아실까?

일기장은 여전히 비어 있는 채다.

지난 시간을 곱씹어 보자 더욱 쓸 수가 없어졌다.

사방이 고요한 걸로 보아 장미연립 식구들은 모두 잠이 든 것 같다. 머리맡을 밟고 지나가는 것처럼 지하방 창밖을 저벅거리던 행인들의 발소리도 잦아든 지 오래다. 밖에서 보면 B01호의 스탠드 불빛만이 노란 섬처럼 어둠 속에 떠 있으리라.

일요일만이라도 집에서 편히 자고 등교하라고 할머니가 등 떠밀어 보낸 보람도 없이 오늘 밤은 쉬 잠이 올 것 같지 않다.

2.

"박사님처럼 훌륭한 사람이 되려면 어떻게 해야 돼요?"

이렇게 묻고 있는 건 다름 아닌 종호다.

수련회를 떠나던 날 종호가 보이지 않아 웬일인가 했는데, 2박 3일 일정을 끝내고 돌아오자마자 병원에 들렀더니 공주병 할머니가 누웠던 침대에 종호가 떡하니 앉아 있었다. 담임 선생님이 종호의 교통사고 소식을 전하실 때 내가 딴전을 보고 있었거나 화장실이라도 가느라 잠깐 자리를 비웠던 모양이다.

이번에야말로 외나무다리에서 제대로 원수를 만난 격이었지만 다행히 할머니가 계셨다. 첫날 말 한마디 삐끗했다가 할머니께 불호령을 들은 뒤로, 할머니가 깨어 있을 때면 종호는 아예 내게 말을 걸지도 않았다. 그날 내가 병실에 들어섰을 때 마침 회진을 오신 김수로 선생님께서 우리가 서로 놀라는 양을 보고 물으셨던 것이다.

"둘이 아는 사인가? 그럼 대한이도 희망고등학교?"

종호가 나부대며 날름 대답을 했음은 물론이다.

"그럼요. 얘가 내 꼬붕인 걸요. 학교에서 얘가……."

종호는 말을 마치지 못했다. 옆 침대에 호랑이 할머니가 누워 있는 줄 모르고, 내가 할머니의 금쪽같은 손자라는 사실도 모르고 꼬붕이니 뭐니 수상한 소리를 입에 담았으니. 우리끼리 하는 농담이라고 내가 적극 말리지 않았다면 종호는 할머니께 그날 밤새 심문을 당했을는지도 모를 일이었다.

정지 신호를 무시하고 횡단보도에 진입한 승용차에 부딪혀 종호는 4미터를 날아갔다고 했다.

"날아간 거리만큼 키가 커진대! 1미터에 1센티! 대박이지! 6미터만 더 날았으면 10센티 커지는 건데, 아쉽다!"

이런 한가한 소리를 떠벌리고 있을 만큼 종호의 상태가 나쁘지 않은 건 불행 중 다행이었다. 오른쪽 다리에 전치 8주의 골절상을 입은 외에 머리를 비롯한 몸의 나머지 부위는 긁힌 자국 하나 없이 말짱하다는 것이었다.

"엿가락 부러지듯 다리뼈만 톡 부러졌대. 슝 날아가서 톡! 신기하지, 응? 신기하지?"

나만 보면 입을 다물 줄 모르는 종호를 보고 할머니는 고개를 절레절레 흔드셨다.

"공주 할망구 퇴원해서 잠 좀 조용히 자려나 했더니, 이거야 원."

학교에서와는 다른 상황이긴 했지만, 나는 결국 종호의 휠체어 기사가 되고 말았다. 할머니를 조용히 쉬게 해 드리려면 종호를 데리고 내가 병실에서 사라지는 수밖에 없었기 때문이다.

할머니가 무서워 명령은커녕 부탁조차 못하고 내 눈치만 살피는 종호가 조금은 안됐기도 했다. 엉덩이에 뿌리내릴세라 나부대던 인간이 종일 병원 침대에만 누워 있는 꼴이 딱하기도 했고.

해서, 급기야 종호와 나는, 박사님 앞에도 나란히 앉아 있는 사이가 되고 말았다. 내가 박사님을 뵈러 혼자 사라지기라도 하면 내 행선지가 궁금해서 '놈'이 안달하는 꼴이 차마 못 봐 줄 지경이라고 급기야 할머니까지 거들고 나서는 바람에.

오늘 박사님이 하시려는 작업은 비가 와도 흙이 쓸려 내려가지 않도록 주차장 난간에 모래 자루를 쌓는 일이었다.

내가 자루를 날라다 드리면 박사님이 쌓아올리는 식으로 일이 착착 진행되고 있는데, 휠체어에 앉아 구경하던 종호가 불쑥 물었다.

"저어, 박사님, 박사님처럼 훌륭한 사람이 되려면 어떻게 해야 돼요?"

"나처럼 훌륭한 사람이라……."

박사님이 종호의 말을 받아 중얼거리셨다.

"그리 봐 줘서 고맙네만 훌륭하달 것까진 없고……. 자네가 듣고자 한다면 오늘까지 살아오는 동안 나를 이끌어 준 나침반에 관해서는 얘기해 줄 수 있을 것 같네만."

나는 박사님이 저렇게까지 정식으로 대답하실 필요는 없다는 생각을 했다. 종호의 질문은 정말 궁금해서가 아니라, 박사님과 나 사이에 끼어들지 못해 시샘이 난 나머지 입에서 나오는 대로 지껄여 보는 말이라 생각되었던 것이다.

"나침반이요? 그게 뭔데요?"

종호의 말투도 신경이 쓰였다. 내 말투도 곱달 것 없지만 박사님 말씀을 저리 날름날름 주워 먹어서야.

박사님은 별로 거슬리지 않는 듯 온화한 얼굴로 나를 돌아다보시며 잠시 쉬었다 하자는 눈짓을 보내셨다.

벤치에 앉아 박사님이 다시 입을 여셨다.

"바로 마음의 소리라는 것일세. 자네도 들어 본 적이 있을 텐데?"

나는 속으로 마음의 소리에 대해 생각해 보았다.

종호가 이번에도 날름 대꾸하고 있었다.

"에이, 마음에 무슨 소리가 있어요?"

"있지. 그리고 자네도 분명 들어 본 적이 있을 거야."

"……."

"내가 어렸을 때 아버지께서 집에서 꿀벌을 치셨는데, 어느 날 벌을 돌보는 아버지 옆에서 놀던 내가 벌한테 쏘인 일이 있었다네."

"우와! 무지 아팠겠다!"

"아팠지. 마침 웃통을 벗고 있던 참이라 쏘이긴 아주 제대로 쏘였으니까. 놀라고 아픈 나머지 엉엉 울고 있으려니까 내 울음소리에 놀란 어머니가 집 안에서 달려 나오셨어."

종호가 하하, 웃음을 터뜨렸다.

(쯧! 그게 뭐 웃을 일이라고!)

박사님은 아랑곳하지 않고 말을 이으셨다.

"사태를 파악하신 어머니는 아버지께 잔소리를 퍼붓기 시작했지. 아이가 옷을 벗고 있는데 벌통을 만지면 어떻게 하느냐고 말일세. 아버지는 어쩔 줄 몰라 하시며, 잠깐만 살펴본다는 게 그리됐다고 열심히 변명하셨지만, 어머닌 멈추지 않았다네."

종호가 다시 깔깔 웃었다.

박사님의 말씀이 이어졌다.

"어머닌 계속해서 아버지를 나무라셨네. 벌통을 만지려거든 아이한테 미리 주의를 줬어야 할 것 아니냐, 최소한 옷이라도 입혔어야 할 것 아니냐……. 그 옆에서 나는 어떻게 하고 있었을 것 같나?"

박사님은 말을 멈추고 우리 둘을 번갈아 돌아보셨다.

"어떻게 하셨는데요?"

종호가 물었다.

박사님의 입가에 미소가 떠올랐다.

"신이 났지! 어머니가 역성을 들어주시는 게 너무 신이 났다네. 아버지가 어머니 앞에서 쩔쩔매시는 게 재미있기도 했고. 여기까지 들으면서 뭐 생각나는 것 없나?"

종호가 고개를 갸웃거렸다.

나는 뭔가 생각이 날 듯 말 듯했지만 딱히 뭐라고 떠오르진 않았다.

잠시 뜸을 들인 박사님이 다시 입을 여셨다.

"두 분이 다투시는 모습을 힐끗힐끗 곁눈질하면서 나는 더욱더 큰 소리로 울어 댔다네. 그러자 어머니의 목소리도 점점 커졌고, 아버지는 점점 더 어쩔 줄 몰라 하셨지. 그런데 말일세."

"……?"

"……?"

"한참 울다 보니 이젠 전혀 아프지도 않은데 내가 계속 울어 대고 있더란 말이지!"

"아!"

"아!"

종호와 내 입에서 동시에 터져 나온 소리였다.

박사님이 허허 웃으시며 우리를 돌아보셨다.

"이제야 감이 오는 모양이군."

"네, 그래서요?"

종호가 솔깃한 듯 이야기를 재촉했다.

"바로 그 순간 내 가슴속에서 어떤 목소리가 들려왔다네. 이 녀석아, 거짓 울음은 그만 울어라!"

"들어 봤어요! 들어 봤어요! 바로 그게 마음의 소리라는 거죠?"

종호가 복권에라도 당첨된 듯 신이 나서 촐싹거렸다.

"그렇다네. 들어 봤다니까 물어보는 거네만, 그 소릴 들었을 때 자넨 어떻게 행동했나?"

종호는 다시 꿀 먹은 벙어리가 되었다.

박사님의 얼굴이 내 쪽을 향했다.

"대한, 자네는?"

"그게…… 저도 들어 보긴 했는데…… 그 소리가 번개처럼 눈 깜짝할 사이에 들려왔다가 눈 깜짝할 사이에 사라지는 바람에……."

"정확한 지적일세!"

박사님이 손가락을 부딪쳐 딱! 소리를 내며 고개를 끄덕이셨다. 기분이 좋을 때면 박사님은 연극배우처럼 동작을 과장하는 경향이 있으셨다. 나는 박사님의 다음 말씀이 너무 궁금했다.

"우리 모두의 가슴속에는 마음의 소리를 들려주는 양심이라는 게 있지. 선량한 사람이든 천인공노할 범죄를 저지른 흉악범이든 간에, 인간이라면 누구나 예외 없이 가슴속에 저마다의 양심을 지니고 있다네."

"……."

"……."

"하지만 양심이 들려주는 마음의 소리는 대개 우리가 알아차릴 틈도 없이 들려왔다가 역시 알아차릴 틈도 없이 사라져 버리곤 하지. 그래서 미처 그 소리를 듣지 못했거나 듣고도 무시했을 경우 왕왕 나쁜 일도 저지르게 되는 거고."

"갈림길이네요."

내가 혼자 중얼거린 말이었다.

박사님이 다시 고개를 끄덕이셨다.

"갈림길이지. 마음의 소리가 들린 순간 우리가 그것을 따르느냐 무시하느냐 하는 선택이야말로 인생의 수많은 갈림길 가운데서 으뜸으로 중요한 갈림길이라고 나는 믿고 있다네."

"그 갈림길에서 박사님은 매번 마음의 소리를 따르셨나요?"

"글쎄…… 그날 아버지의 벌통 옆에서 처음 그 소리를 들은 이후 이날까지 내가 기억하는 한은 언제나 그래 왔다고 생각하네만."

"그래서 지금처럼 훌륭한 분이 되신 거네요."

"어허, 그 '훌륭'이란 소린 아무래도 듣기 거북하구먼."

"아, 네에……."

"암튼…… 나는 그렇게 살아왔다네. 얼핏 보기에 인생은 매우 복잡한 것 같지만, 사실 그건 매우 단순한 것이기도 하더군. 적어도 내가 살아온 경험에 비추어 보자면 그런 것 같아."

"……."

"그래서 마음의 소리라는 하나의 나침반만 가지고도 그걸 충실히 따르기만 한다면 얼마든지 충실한 인생을 가꾸어 갈 수 있다는 게 내가 살면서 얻은 믿음이지."

"네에……."

"마음의 소리를 전혀 못 들으면 어떻게 되는데요?"

시무룩한 얼굴로 앉아 있던 종호가 불쑥 끼어들었다.

"제가 좀 덜렁대는 편이거든요. 덜렁대느라 그 소리를 못 듣고 계속 놓쳐 버리면 어떻게 되는지……."

나는 피식 웃었지만 종호는 답지 않게 심각한 표정이었다.

박사님이 따뜻한 눈길로 종호를 건너다보셨다.

"대단히 중요한 문제를 제기하는구먼. 그래, 대단히 중요한 문제야. 하지만 그건 간단히 얘기할 주제가 아니니 다음 기회로 미루는 게 좋을 것 같네."

종호는 미진한 얼굴로 코를 빠뜨리고 있다가 슬그머니 입을 열었다.

"혹시……."

"뭔가? 말해 보게."

박사님이 격려하듯 종호를 바라보며 재촉하셨다.

저 인간이 무슨 말을 하려는가 싶어 나도 종호를 쳐다보았다.

"공부를 잘 못하는 사람도 훌륭한 사람이 될 수 있는지……."

종호가 엄청 훌륭한 질문을 했다는 듯이 박사님이 고개를 끄덕이셨기 때문에 나는 새어나오는 웃음을 꾹 깨물어 참아야 했다.

"허허. 자네처럼 공부하는 학생 입장에선 아닌 게 아니라 그 점이 궁금하겠구먼. 아주 실질적인 질문이야. 좀 더 정확한 질문이 되려면 '공부를 잘 못하는 사람'이란 표현을 '성적이 별로 좋지 않은 사람'이라고 바꿔야 할 듯 싶기는 하네만."

"네에."

"그러니까 자네들은 훌륭한 사람이 되는 데 지대한 관심이 있다는 거로군?"

"……."

"……."

"이 훌륭한 사람이라는 표현에는 상당한 논란의 여지가 있다는 게 내 생각이지만, 자네들의 관심이 거기에 붙박여 한 발짝도 움직이질 않으니. 좋아! 거친 대로 그 말은 통과하고 이야기를 계속해 보세."

"……."

"……"

"그러니까 그 '성적이 별로 좋지 않은 사람'이란 자넬 두고 하는 말인가?"

"뭐…… 그게…… 네에……"

종호가 머리를 긁적거리며, 동시에 주억거리며, 애매하게 말꼬리를 흐렸다.

박사님이 눈을 맞추려는 것처럼 종호 쪽으로 고개를 기울이며 속삭이듯 말씀하셨다.

"실은 나도 그랬다네."

"네? 박사님도요?"

종호가 고개를 반짝 들고 박사님을 쳐다보았다.

"그랬다니까. 고등학교에 입학해서 처음 얼마간은 성적표가 꽤 볼 만했었지."

"그런데 어떻게……?"

"마음의 소리라는 나침반을 따라가면 그 문제 역시 해결된다네."

"……"

"지금 자네의 성적이 별로 좋지 않다면 그건 자네가 아직 공부에 흥미를 느끼지 못하기 때문일 텐데, 공부에 흥미를 느끼지 못하는 이유는 왜 공부를 해야 하는지, 무엇을 공부해야 할는지를 자네가 아직 모르고 있기 때문이지. 그걸 모르는 이유는 자네가 앞으로 무엇이 되고 싶은지, 무엇을 하면서 어떤 인생을 살고 싶은지를 모르기 때문이고."

"그러니까 그게……."

"좀 더 들어 보게. 그러니까……."

종호의 환자복 주머니에서 '카톡!' 소리가 나는 바람에 이야기가 끊어졌다. 종호는 휴대폰을 꺼내 얼른 소리를 죽인 다음 다시 박사님을 쳐다보았다. 박사님의 말씀이 이어졌다.

"마음의 소리에 귀를 기울이다 보면 내가 무엇이 되고 싶은지, 무엇을 하면서 어떤 인생을 살고 싶은지를 알게 되는 때가 온단 말일세."

박사님이 말을 멈추고 종호와 나를 번갈아 바라보셨다.

"어떤가? 방금 내가 한 얘기를 거꾸로 짚어 보면 마음의 소리와 성적 사이에 어떤 상관관계가 있는지 답이 나올 것 같지 않나?"

잠시 머뭇거리는 기색이던 종호가 자신 없는 목소리로 물었다.

"그래도 끝내 성적이 좋아지지 않는 경우도 있겠죠?"

박사님의 따뜻한 눈길이 다시 종호를 향했다.

"물론 있겠지. 하지만 내 개인적인 견해를 밝히자면 '그래도 좋아지지 않는 성적' 따위는 인생에서 그다지 중요하지 않다는 것일세. 자신의 길을 발견하고 그 길에 열정을 쏟아 노력하는 사람은 한갓 성적표 따위로 평가되는 인생의 차원을 이미 넘어서 있다는 거지."

"……!"

"……!"

"이걸로 대답이 됐나? 성적이 별로 좋지 않은 사람도 훌륭한 사람이 될 수 있느냐는 질문에 대해 내 나름으로는 최대한 성실한 답변이 되도록 노력했네만."

"네, 박사님! 감사합니다!"

종호의 얼굴이 활짝 밝아져 있었다.

벤치에서 일어나 모래 자루 쪽으로 걸어가시는 박사님의 뒷모습을 우러러보며 종호가 내 귀에 대고 속삭이듯 소리쳤다.

"우와, 대박! 가슴이 뻥 뚫리는 것 같지 않냐!"

종호가 신대륙을 발견한 사람처럼 부르짖었다.

"멋있어! 멋있어! 박사님 너무 멋있어!"

두 팔을 쳐들고 통방울눈을 희번덕이기까지.

하여간 종호의 오버액션은 알아줘야 한다.

나는 종호를 내버려 두고 벤치에서 일어났다.

심드렁한 척 박사님이 일하시는 곳으로 걸어가면서, 솔직히 나는 살짝 골치가 아파 오기 시작했다. 대단한 광신도가 하나 탄생했으니 앞으로 박사님을 뵈러 갈 때마다 쌍지팡이를 짚고 따라나설 것이 아닌가 말이다. 아니더라도 종호와 엮인 인생이 가시밭길 고해였건만, 오호 통재라!

3.

할머니가 퇴원을 하셨다. 완쾌할 때까지 좀 더 계시라고 말려 보았지만 답답하고 불편해서 더는 못 있겠다고 고집을 부리셨다. 내 밥걱정 빨래걱정 때문에 몸보다 마음이 불편하고 답답하셨을 것이다.

"아직 일을 나가시는 건 무리지만 일상생활 정도는 별문제 없으실 거야. 조금씩 활동을 하시는 게 누워 계시는 것보다 건강에도 좋고."

걱정하는 내게 김수로 선생님께서 말씀해 주셨다. 할머니가 입원해 계시던 내내도 친절하게 대해 주셨는데, 정말 고마운 선생님이었다.

할머니가 집에 오시자 모든 게 편해졌다.

마치 내가 왕자라도 된 것 같은 기분이었다.

차려 주시는 밥 먹고 챙겨 주시는 옷을 입을 수 있다는 게 이렇게 편하고 좋은 줄 처음 알았다.

나는 가벼운 마음으로 병원을 향했다.

기말고사도 끝났으니 곧 방학이 시작될 것이다.

민들레슈퍼 아저씨는 한 손에 파리채를 든 채 오늘도 가게 앞에 앉아 계셨다. 아저씨는 민들레마을의 수문장이다. 봄에는 효자손이더니 여름 들면서 파리채, 가을에는 또 어떤 소도구가 등장할지 궁금했다.

나는 아저씨께 꾸벅 고개를 숙여 보였다. 병원에 드나들 때마다 눈이 마주치다 보니 언제부턴가 저절로 인사 정도는 하고 지나가는 사이가 되었던 것이다.

"할머닌 퇴원하시는 것 같던데 어떻게?"

아저씨가 반색을 하며 알은체를 하셨다.

가게 앞에만 앉았어도 알 건 다 아신다는 얼굴이다.

"네, 좀 들를 일이 있어서요."

"학교는 안 가고?"

"오늘 일요일인데요."

"참, 그렇구먼. 그러니까…… 자원봉사?"

"네에, 뭐…… 봉사까진 아니고……."

"그래, 수고하게. 다들 참 고마운 일이야."

아저씨가 기특하다는 듯 파리채 든 손을 흔들어 주셨다.

나는 다시 한 번 꾸벅 인사를 하고 언덕길을 걸어 올라갔다.

사실 이런 인사를 듣는 건 쑥스러운 일이다. 주말마다 박사님을 도와 드리기로 작심한 건 사실이지만, 뭐 크게 도움이 된다기보다는 그저 말동무나 해 드리는 정도에 불과한데.

어영부영 아는 얼굴이 늘어나다 보니, 어쩌다 휠체어를 밀어 달라거나, 매점에서 일회용 주사기 따위를 사다 달라는 부탁을 받는 경우도 생기기는 했다. 하지만 그 밖에는, 그야말로 어쩌다, 사용한 휠체어를 정리하거나 세탁한 시트며 환자복 정리를 거드는 정도일 뿐인데.

병원 마당으로 들어서니 응급실 쪽이 어수선했다. 욕설과 고함이 들리는 가운데 사람들이 우왕좌왕하는 모습이 보였다.

하늘색 근무복을 입은 남자간호사 선생님들께 두 팔을 붙들린 채 악을 쓰고 있는 건 비쩍 마른 체구의 중년 남자였다. 남자는 응급실 안으로 돌진할 기세로 몸부림을 치고 있었고, 간호사 두 분이 그런 남자를 제지하는 중이었다.

구급차 옆에는 경찰차도 세워져 있었다.

정복을 입은 경찰 두 명이 응급실 입구에 버텨서 있고, 다른 한 명은 조금 떨어진 곳에서 슈바이처 박사님과 뭔가 이야기를 나누고 있었다. 오늘은 박사님도 작업복이 아닌 흰색 가운 차림이었다.

무슨 일인지 궁금해서 그쪽으로 가 볼까 하다가 나는 먼저 병실부터 들르기로 했다. 종호가 부탁한 떡볶이를 전해 주고 다시 내려오는 편이 나을 것 같았기 때문이다.

어제는 토요일이었지만 병원엘 오지 못했다. 아빠의 열네 번째 기일이었다. 할머니와 조촐한 제사를 모시고 나자 자정이 넘었다. 쉬 잠이 오지 않아 컴퓨터를 켰더니 종호가 보낸 쪽지가 쌓여 있었다. 언제 오냐, 왜 안 오냐, 주말인데 안 오는 거냐, 시험 끝났잖냐, 내일은 오는 거냐.

휴대폰이 없는 내게 종호가 연락을 취할 방법은 페이스북밖에 없었다. 아침부터 스마트폰에 코를 박고 종일 안달했을 종호를 생각하자 피식 웃음이 나왔다.

여섯 번인가 일곱 번째 보낸 마지막 쪽지에는 '아딸 떡볶이!!!'라고 적혀 있었다. 아딸은 학교 앞 분식집 이름이다.

'병원 밥 싱거워서 토 나올라 그런다. 내일 떡볶이 잊지 말고 제발! 제발! 제발! 일찍 와라.'

나는 종호의 부탁을 무시하고, 병원엘 가더라도 종호 병실에는 들르지 않을 작정이었다. 학교라면 사정이 다르지만, 병원에서야 얼마든지 종호를 따돌릴 수 있었다. 더욱이 지금은 녀석이 다리에 깁스까지 하고 있으니 더 말할 것도 없다. 할머니도 퇴원하시고 기말고사 때문에 병원을 찾지 않고 지내던 동안, 종호 없는 인생이 얼마나 널널하고 홀가분하던지.

그런데 버스가 학교 앞을 지나고 있을 때 다닥다닥 이마를 맞댄 간판 중에서 하필이면 아딸 간판이 내 눈에 딱 걸려들었다.

모르겠다. 간판이 내 눈에 걸렸는지 내가 간판에게 걸렸는지. 정류장에 정차했다가 막 출발하려는 버스에서 나는 갑자기 화장실이 급해진 사람처럼 후다닥 뛰어내렸다. 기사아저씨 인상이 사나워졌겠지만 나 역시 이맛살이 찌푸려졌다. 내가 점점 이상하게 변해 가고 있는 게 못마땅했기 때문이다.

"야!"

종호는 휠체어를 타고 계단참까지 나와 있다가 나를 보자 버럭 소리를 질렀다.

(할머니가 안 계시니 안면을 바꾸겠다는 뜻이렷다?)

나는 못 들은 척 늑장을 부리며 계단을 올라갔다.

휴일을 맞은 병원은 방문객들로 붐비고 있었다. 음료수 상자나 음식물이 들었을 것으로 보이는 꾸러미를 들고 계단을 올라가는 사람들, 방문객과 담소를 나누며 계단을 내려오는 환자들도 보였다. 종호 엄마가 시내의 대형 마트에서 청소 일을 하시는 걸 봤다고, 종호와 이웃에 사는 같은 반 민수가 말해 줬던 게 생각났다. 혹시 종호도 아빠는 안 계시는 걸까?

떡볶이만 건네고 곧장 내려갈 생각이었는데, 종호가 부득부득 같이 먹자고 우겼다. 하는 수 없이 휠체어를 밀고 휴게실로 갔다.

"야, 이것 봐! 대박이지?"

휠체어에 앉은 채 종호가 깁스한 제 다리를 가리켰다. 환자복 바지를 걷어 올려 짐짓 허벅지를 드러낸 종호의 깁스에 멋지게 흘려 쓴 매직 글씨가 보였다.

'다리는 깁스 심을 하라고 있는 게 아니라네. ㅠㅠ

알베르트 슈바이처.'

(아니, 언제 이런 걸?)

나는 샘이 나서 박사님의 멋진 필체로부터 눈을 떼지 못했다.

"이 글씨! 이 유머! 멋져! 멋져!"

예의 광신도스러운 억양으로 종호가 거듭 찬탄했다.

나는 떡볶이를 사 온 걸 후회했다. 이렇게 배 아픈 일이 기다리고 있을 줄 알았다면 종호가 죽는 시늉을 하며 졸랐어도 떡볶이를 사 오지 않았을 것이다.

"가보로 물려줘야지! 그래서 먼 훗날 내 손자가 〈TV 진품명품〉에 이걸 가지고 나가는 거야. 사회자가 손자에게 묻겠지. 슈바이처 박사님과 할아버지가 어떻게 아시는 사이냐고……."

떡볶이를 먹으면서도 종호는 떠벌리기를 멈추지 않았다. 병원에 오지 않는 동안 종호를 보지 않아서 좋다고 생각했는데, 내가 계속 병원을 비운다면 녀석의 손자가 가보를 열 개쯤 물려받게 될지도 모를 판이었다.

나는 좀 쪼잔하게 지루한 표정을 짓고 있다가 떡볶이 접시가 비자마자 자리에서 일어났다.

"야! 어디 가! 같이 가야지!"

이쑤시개로 찍어 든 마지막 떡볶이를 급히 입에 욱여넣으며 종호가 나를 쳐다보았다.

내가 고개를 돌려 버리자 종호는 내 옷자락을 움켜잡았다.

"같이 가자니까!"

명령조는 아니고 살짝 응석이 묻어나는 말투였다.

내가 꼬리를 자르고 달아나는 도마뱀이 아닌 한 이번에도 어쩔 수 없게 된 거다.

(이런 진드기!)

(거머리!)

(껌딱지!)

머릿속에 떠오르는 욕을 있는 대로 갖다 붙이며 나는 고추장 묻은 이쑤시개와 일회용 접시를 비닐봉지에 주워 담았다.

(떡볶이 사 오란다고 덜렁덜렁 사 들고 나타난 내가 바보지!)

(떡볶이만 안겨 주면 순순히 나가떨어질 거라고 생각한 내가 바보지!)

우리는 엘리베이터를 타고 아래층으로 내려갔다.

휠체어를 밀고 복도를 지나 로비로 들어서는데 응급실로 통하는 건너편 복도 쪽에서 슈바이처 박사님이 걸어오시는 게 보였다.

"박사님이다!"

종호가 먼저 작은 소리로 외쳤고 내 마음도 벙싯 반색을 하는 사이, 박사님이 우리 쪽으로 다가오셨다.

"안녕하세요, 박사님!"

"안녕하세요, 박사님!"

종호는 앉은 채, 나는 서서 동시에 인사를 했다.

박사님은 멀뚱한 얼굴로 우리를 건너다보셨다.

무슨 생각에 골똘해 미처 우리를 보지 못하고 곧장 지나쳐 가시려던 참이었던 것 같았다.

"어, 그래, 자네들인가?"

인사를 받는 둥 마는 둥 고개를 끄덕여 보이고 박사님은 가던 길로 멀어져 가 버렸다.

종호와 나는 어리둥절해서 서로 얼굴을 쳐다보았다.

"뭐야? 박사님 왜 저러셔?"

종호가 중얼거렸다.

나는 조금 전 응급실 앞에서의 소란을 떠올렸다. 그와 관련해서 박사님께 뭔가 언짢은 일이 있는 게 분명했다.

(일단 상황은 끝이 난 건가?)

그렇다면 굳이 가 볼 것도 없을 것 같아서, 나는 로비 한쪽에 늘어 놓인 벤치 옆에 휠체어를 세우고 옆자리에 엉덩이를 내려놓았다. 잔뜩 굳어 있던 박사님의 표정이 마음에 걸렸지만, 걱정 말고 달리

내가 할 수 있는 일도 없었다.

종호가 고개를 갸웃거리며 나를 돌아보았다.

“뭐지? 나한테 화가 나셨을 리는 없고……. 너 혹시 박사님께 뭐 잘못 한 거 있는 거 아냐?”

대꾸할 가치도 없어서 못 들은 척 정면만 바라보고 있는데, 지나가던 걸음을 멈추고 나를 알은체한 사람은 박사님의 조수인 요제프였다.

“어이, 대한! 예서 뭐 혀?”

“아, 네에, 그냥 좀…….”

나는 일어나서 인사를 했다.

박사님이 처음 아프리카로 건너가셨을 때 통역 겸 조수로 채용했다는 이 원주민 청년도 박사님과 더불어 나이를 먹었다. 굽은 어깨에 들쳐 메고 있던 약 상자를 벤치에 내려놓고 요제프가 스트레칭을 하듯 어깨를 서너 번 추썩거렸다.

“2층까지 가야 헝게 여기서 한숨 돌리고…….”

중얼거리는 요제프를 곁눈질하며 종호가 내 옆구리를 쿡 찔렀다. 나는 두 사람을 소개시켰다. 요제프가 사람 좋아 보이는 미소를 지으며 종호를 내려다보았다.

“워쩌다 도가니를 분질렀다? 쯧쯧, 젊은 사람이 깝깝허겠구먼.”

요리사 출신인 요제프는 박사님의 조수로 일하기 시작한 지 수

십 년이 지난 지금까지도 모든 해부학 용어를 요리 용어로 표현해서 사람들을 까무러치게 하는 인물이었다. 병원 식구들이야 그의 말투에 익숙해졌지만, 처음 듣는 사람은 요절 복통을 하게 마련이어서 한 번은 맹장 수술을 한 환자가 웃다가 꿰맨 자리가 터지는 바람에 생고생을 한 적도 있었다고 한다.

종호가 말꼬리를 잡고 끼어들기 전에 나는 얼른 말머리를 돌려, 오늘 병원에 무슨 일이 있었는지 요제프에게 슬쩍 물어 보았다.

"방금 여기서 뵀는데, 박사님이 좀 기분이 상해 계신 것 같아서요."

"상허다마다."

요제프가 고개를 끄덕였다.

"왜요?"

날름 끼어든 건 물론 종호였다.

"그야 윤리가 땅에 떨어졌응게."

"뭐가 떨어져요?"

종호가 다시 물었다.

"아, 윤리가 떨어졌당게. 윤리! 윤리 몰러?"

"그럼 바로 세우면 되겠네요, 뭐."

종호가 날름 대꾸하다가 아얏! 비명을 질렀다. 가만 좀 있어 보라는 뜻으로 살짝 친다는 게 그만 종호 깁스를 건드린 모양이었다.

"긍게, 바로 세워야 헝게 박사님 머리가 고로코롬 빠개지겄제."

머리가 빠개지는 건 박사님만이 아니라는 듯, 요제프는 이맛살을 찌푸리며 고개를 절레절레 흔들었다.

나는 종호가 또 끼어들어 엉뚱한 소리를 하기 전에, 요제프에게 오늘 병원에서 무슨 일이 있었느냐고 다시 물어보았다.

요제프가 본적 불명의 사투리로 늘어놓은 이야기를 끼워 맞춰 보니 역시 응급실 앞에서 본 광경과 관련된 내용이었다.

가정불화 끝에 친정으로 가 버린 부인을 쫓아가 처갓집에 불을 지른 남자가 생명이 위험한 상태로 응급실에 실려 왔다. 남자는 병든 홀어머니를 집에 모시고 싶어 했는데, 아내가 반대하여 평소 부부싸움이 잦았다. 차라리 갈라서자며 보따리를 싼 아내를 찾아가 남자는 달래도 보고 애원도 했다. 아내는 요지부동 노모와 자신 중에 하나만 택하라고 고집을 부렸고.

간밤에도 아내와 대판 싸움을 벌였던 남자는 오늘 새벽 흉기를 준비해 가서 아내를 찌르고 처갓집에 불을 질렀다. 그러고는 곧장 집으로 돌아와 옥상에서 뛰어내렸는데, 이웃 주민이 발견하여 병원으로 옮겼지만, 현재 중태다.

응급실 앞에서 간호사들과 몸싸움을 벌이던 남자는 입원한 남자의 처남이라고 했다. 직장이 지방 어디라는데, 경찰로부터 부모와 여동생이 숨졌다는 연락을 받고 곧장 병원으로 달려온 남자가 응급실에 있는 남자를 죽여 버리겠다며 난리를 쳐서 그 소란이 벌어졌다는 것이다.

“너 죽구 나 죽자구 아주 작정허구 왔더랑게. 그런 일 있을깝시 경찰이 미리서 지키구 있지 않었음 일이 나두 아주 큰일 났을겨. 허기사, 워낙 피를 많이 흘려서, 글 안 혀두 살 수 있을랑가 어쩔랑가 장담은 어렵다구 허대만.”

요제프는 끔찍하다는 듯 고개를 절레절레 내두르며 내려놓았던 약 상자를 다시 어깨에 들쳐 멨다. 멀어져 가는 요제프의 뒷모습을 쳐다보던 종호가 다치지 않은 무릎으로 내 다리를 툭툭 쳤다.

“야, 그래서 어떻게 됐다는 거냐. 뭐가 떨어지고 뭘 세운다는 거야.”

“너도 들었잖아.”

내가 퉁명스럽게 대꾸하자 종호가 버럭 소리를 질렀다.

“그러니까, 그래서 어쨌다는 거냐고!”

로비에 있던 사람들이 우리 쪽을 돌아보았다.

나는 잠자코 자리에서 일어났다.

종호가 얼른 내 바짓가랑이를 움켜잡았다.

어미를 놓칠세라 전전긍긍하는 강아지 꼴이었다.

(설마 여기다 내버리고 갈까 봐.)

나는 한숨과 실소를 깨물며 다시 휠체어 손잡이를 잡았다.

3

나는 살려고 하는 생명에 둘러싸인 살려고 하는 생명이다

1.

종호가 가 보자고 졸라 대는 바람에 나는 못 이긴 척 휠체어를 밀고 병원 뒤뜰로 돌아갔다. 자기가 가서 박사님 기분을 풀어 드려야겠다고 나부대는 폼이 어이없기는 했지만, 이래저래 궁금하고 걱정스럽기는 나도 마찬가지였다.

사택 문은 닫혀 있었다.

"야, 저기! 저기!"

노크를 하기도 망설여져서 우두커니 서 있는데 종호가 눈짓으로 열려 있는 창문을 가리켰다. 내가 머뭇거리자 종호가 재촉하듯 나를 떠밀었다.

창문으로 다가가 살짝 고개를 내밀었다.

박사님은 생각에 잠긴 얼굴로 거실 소파에 앉아 계셨다.

"계셔? 계셔?"

종호가 속삭인 순간 박사님이 고개를 드셨다.

눈이 딱 마주치는 바람에 나는 화들짝 놀라 오금을 접었다.

“거기 자라 모가지처럼 오르락내리락하는 건 뉘 모가진고!”

박사님의 목소리가 창밖으로 날아 나왔다.

나는 창문 아래 쪼그려 앉은 채 숨을 죽였다.

“빙신! 숨을 거면 뭐 하러 왔냐.”

종호가 다시 속삭이는데 현관문이 펄쩍 열리고 박사님 얼굴이 나타났다.

“자라가 한 마리가 아니라 두 마리였군! 왔으면 들어오잖고 게서 무슨 작당들을 하고 있나.”

“네, 박사님! 안녕하세요!”

종호가 당치 않게 신바람 난 목소리로 외쳤다.

(‘안녕하세요’는 조금 전에도 해 놓고선.)

나는 마음으로만 눈을 흘기며 휠체어를 밀고 안으로 들어갔다.

박사님이 손수 얼음 녹차 석 잔을 만들어 내오셨다.

“무슨 일인가? 내가 무슨 수상한 짓을 하고 도망치기라도 한 것처럼 숨어서 살피기나 하고.”

박사님이 녹차 잔을 입으로 가져가며 우리를 건너다보셨다.

“살핀 게 아니고요, 박사님이 기분이 상하셨다고 해서 풀어 드리려고요.”

종호가 날름 대답했다.

"내 기분이 상했다고 누가 그러던가?"

"박사님 조수라는 할아버지가요. 윤리가 땅에 떨어져서 그렇다나 어떻다나."

(저놈의 날름날름.)

들을 때마다 신경에 거슬리는 건 어쩔 수 없다.

박사님 표정이 아까보다 평온해 보이는 건 다행스러웠지만.

"요제프가? 허허, 들은풍월은 있어 가지고."

박사님이 웃으시는 걸 보니 한결 마음이 놓였다.

생각 없이 나부대는 것 같아도 종호 녀석이 완전 허당은 아닌 게다. 사람을 웃게 하는 재주가 있으니.

찻잔을 내려놓은 박사님이 우리 둘을 번갈아 쳐다보셨다.

"그래, 뭐로 내 기분을 풀어 줄 건데?"

"뭐든지요! 말씀만 하세요!"

종호가 숫제 박사님을 흡입해 버릴 기세로 엉덩이를 들썩거리며 말했다.

"그래? 뭐든지라고 했나?"

박사님이 다시 우리를 번갈아 건너다보셨다.

녹차를 한 모금 머금고 있던 참이었기 때문에 나는 얼른 고개만 끄덕였다.

"그럼요! 쓰는 김에 화끈하게 써야죠!"

종호가 외쳤다.

(저놈의 버르장머리!)

박사님은 개의치 않고 빙긋 웃으시는가 싶더니, 자세를 고쳐 앉으며 다시 찻잔을 집어 드셨다.

"내 기분을 어루만져 줄 처방이 한 가지 있기는 하지."

"뭔데요?"

종호가 물었다.

"수다."

"네?"

"수다라고 했네. 말뜻 자체는 그다지 어려울 게 없다고 생각하는데."

박사님이 녹차를 홀짝이며 말씀하셨다.

"수다 떤다는 그 수다 말씀이세요?"

종호가 다시 물었다.

박사님이 종호를 건너다보셨다.

"수다 떠는 수다 말고 다른 수다도 있었나?"

"에이, 난 또! 지금 농담하시는 거죠?"

종호가 박사님께 눈을 흘기는 시늉을 하며 말했다.

(박사님이 제 친구라도 되는 양 무슨 버르장머리람.)

"실없는 사람이 되기를 바라지 않는다면 농담은 그렇게 시도 때도 없이 하는 게 아니라네."

박사님이 자못 정색을 하고 말씀하셨다.

종호가 못 믿겠다는 듯 박사님을 쳐다보았다.

"그럼 정말 수다를 떠시겠단 말씀이세요?"

"뭐든지라며? 무슨 문제라도 있나?"

"문제는 없지만요, 수다로 기분을 푸는 건 여자들이나……."

"자네도 케케묵은 편견에 사로잡혀 있군. 암튼, 그래서, 사양하겠다고?"

"사양은요, 실은 수다가 제 전문인걸요."

하긴 수다야말로 종호의 전공과목이다.

녀석이 물 만난 고기같이 나부대는 꼴을 꼼짝없이 지켜보게 생겼다. 그래서 박사님 기분이 좋아진다면 다행스러운 노릇이긴 하지만.

과연 물 만난 고기처럼 종호가 신바람이 나서 입을 열었다.

"전 준비됐어요. 시작하세요."

박사님이 종호를 건너다보셨다.

"전문이라니 마침 잘됐네. 수다를 떤다는 게 말을 하는 것과 더불어 듣는 일도 포함하는 상호작용을 뜻하는 표현이라는 데는 이의가 없겠지?"

"네?"

종호가 어리둥절한 얼굴로 박사님을 쳐다보았다.

"왜? 이의 있나?"

"아뇨. 이의가 아니고……."

"그럼?"

"저…… 말씀을 좀 짧게 짧게 해 주실 수 없는지……."

"말씀을 짧게 짧게?"

"네…… 그게 그러니까……."

종호가 머리를 긁적거렸다.

"하나 더하기 하나는 둘, 다시 하나를 더하면 셋……. 뭐, 그런 식으로요."

슬쩍 끼어든 내게 종호가 눈을 부라리며 볼멘소리를 했다.

"야! 그 정도는 아니다, 뭐!"

"노 프라블럼! 노 프라블럼!"

박사님이 웃으며 손사래를 치셨다.

"전혀 문제 될 게 없네. 알고 보면 내 수준이 딱 그 수준이니까."

종호의 입귀가 다시 벙글어졌다.

박사님이 오른쪽 검지를 쳐들어 보이며 다시 입을 여셨다.

"자, 그럼 출발하네. 하나!"

종호가 긴장된 얼굴로 차렷 자세를 하고 앉아 있는 모습을 보고 있으려니 슬그머니 웃음이 나왔다. '하나'마저 좇아가지 못하고 박사님께 바닥을 드러내 보이게 될까 봐 바짝 정신을 차리고 있는 기색이 역력했다.

"이제부터 우리가 떨려고 하는 수다는 일전에 잠시 샘과 조에 대해서 나눴던 대화에 이어지는 것일세. 대한, 전날 내가 지우개로 지우라고 한 말, 기억하고 있나?"

박사님 눈길이 나를 향하자 종호도 내 얼굴을 쳐다보았다.

"네."

나는 박사님께 대답하고 나서, 물음표가 그려진 종호의 얼굴을 돌아보았다.

"샘과 조는 박사님이 기르시는 수탉들이야."

"수탉? 수탉이 어쨌는데?"

종호가 묻는데 박사님이 제지하듯 오른손을 들어 올리셨다.

"서둘 것 없네. 수다를 떨다 보면 무슨 얘긴지 자연히 알게 될 테니까."

우리는 다시 박사님 입으로 시선을 모았다.

"본격적인 수다에 들어가기에 앞서, 순서를 무시하고 한 가지 미리 귀띔해 줌세. 지난번에 얘기했던 어떻게 하면 마음의 소리를 잘 들을 수 있는가, 하는 문제 말이야."

"네."

"네."

"이야기를 따라가다 보면 저절로 답이 나오겠지만, 내 오늘 자네들한테 인심 한번 쓰지. 답은 '생각'일세."

"……."

"……."

"마음의 소리를 잘 들으려면 평소 늘 생각을 해야 해. 생각……다른 말로 사고 또는 사색이라고도 하지."

나는 녹차를 한 모금 마시면서 얼음 한 조각을 입에 물었다.

입안이 금방 얼얼해졌다.

박사님도 찻잔을 들어 잠시 목을 축인 다음 다시 말씀을 이으셨다.

"이 '사색'이라는 단어가 오늘 이야기의 키워드 중 하나이니 동그라미를 쳐 두게. 자, 그럼……."

엉덩이를 움찔거리던 종호가 수업 시간에 선생님께 질문하는 것처럼 손을 들었다.

박사님이 종호를 쳐다보셨다.

"너무 긴가? 최대한 자른다고 잘라서 말하는 중인데."

"그게 아니고요. 수다를 떤다는 게 이런 걸 말씀하신 건지……."

나는 피식 웃고 말았다.

녀석이 기대했던 건 물론 이런 게 아니었을 게다.

박사님이 시치미를 뚝 뗀 얼굴로 종호를 건너다보셨다.

“이런 건 안 되나? 뭐든지라고 하기에 난 또…….”

나는 이 상황이 너무 고소했다. 그야말로 깨소금 맛이었다.

(박사님이 얼마나 뚱딴지인지 몰랐지? 종호 너, 딱 걸렸다, 딱 걸렸어.)

“자네 마음이 변했다면 지금이라도 그만둠세. 그만두고 기분 꿀꿀한 채로 찌그러져 있지, 뭐.”

박사님이 실쭉해진 표정으로 푸념 섞어 말씀하셨다.

종호가 당황한 얼굴로 얼른 자세를 가다듬으며 말했다.

“아녜요. 계속하세요.”

“수다란 한번 시작하면 끝을 보기 전엔 멈추기 힘든 건데?”

박사님이 다짐을 두듯 다시 종호를 건너다보셨다.

종호는 열심히 고개를 끄덕였다.

“괜찮아요. 얼마든지 하세요.”

“그럼 다시 출발하네. 수다라는 표현이 적절하지 않다고 생각된다면, 그래, 산책이라는 말로 표현을 바꿔 보세. 사색의 숲으로 떠나는 산책.”

“…….”

“…….”

“내가 일부러 자네들을 따돌리는 일이야 없겠지만 실은 이게 좀 미로도 많고 샛길도 많은 코스거든. 까딱하다가는 길을 잃을지 모르니 한눈팔 생각일랑 말고 착실히 따라오도록 하게."

"네!"

"네!"

"그러니까 오래전 대학을 다니던 무렵에…… 나는 인류가 계속해서 진보를 향해 나아가고 있다는 견해에 차츰 회의를 느끼기 시작했다네. 사람들이 알지 못하거나 아무 걱정도 하지 않는 사이에 진보를 향한 이상의 불길이 점점 꺼져 가고 있다는 인상을 사방에서 받고 있었거든."

"우와, 겨우 대학생 때 벌써 그런 생각을 하셨어요?"

종호가 감탄했다. 박사님이 무슨 골치 아픈 설교를 하시려나 지레 겁먹어 하던 모습 하고는 제법 흥미롭게 경청하고 있는 모습이 신통하다면 신통했다.

박사님은 과거를 회상하는 듯 잠시 말을 멈췄다가 다시 입을 여셨다.

"사람들은 진보와 문화라는 것에 단지 미지근한 열성밖에 갖고 있지 않은 것 같았어. 나는 여러 가지 징조를 통해서 인류가 정신적으로 특이한 피로를 느끼고 있다는 결론에 도달하지 않을 수 없었다네."

"정신적인 피로라고 하셨어요?"

이번에는 내가 이야기를 거들었다.

박사님이 고개를 끄덕이셨다.

"그렇다네. 당시 사람들은 인류의 미래에 대해 나로서는 납득할 수 없는 낙관주의에 빠져 있었어. 사람들은 인류가 지식이나 물질문명에 있어서 전진하고 있을 뿐만 아니라 정신적·윤리적 측면에서도 이전에 도달해 본 적 없는 높은 차원에서 움직이고 있다고 생각하는 것 같았네."

박사님이 다시 말을 멈추고 종호를 쳐다보셨다.

"잘 따라오고 있나?"

"네!"

종호가 씩씩하게 대답했다.

"하지만 내가 보기에……."

박사님이 녹차를 한 모금 마신 다음 말씀을 이으셨다.

"인류는 정신생활에 있어 지난 세대를 앞서기는커녕 그들이 이루어 놓은 것을 야금야금 빼먹고 있을 뿐이며, 그러한 유산의 상당 부분이 오늘을 살아가는 인간들의 손아귀에서 차츰차츰 사라져 가고 있는 것 같았어."

"……."

"……."

"그래서 나는 이 문제에 관해 책을 한 권 써 볼까 생각했다네. 일종의 문화 비판서랄까. 나는 이 책에서 인류 문화의 몰락을 확인하고 그 위험에 대해 사람들의 주의를 일깨울 생각이었지. 그런데……."

종호가 꿀꺽 침 넘기는 소리가 들렸다. 그만큼 열심히 박사님 얘기를 듣고 있다는 증거였다. 박사님은 심각하고 어려운 이야기도 듣는 사람으로 하여금 지루함을 잊고 몰입하게 만드는 특별한 재주를 가지고 계셨다.

"문화와 정신이 몰락한 결과로 인류는 유례없는 비극에 휩쓸리고, 내가 쓰려 했던 책은 의미를 잃고 말았지. 이미 파국이 닥쳐온 이상, 기왕에 명백해진 이유에 대해 더 이상 따져 본들 무슨 소용이 있겠는가?"

종호가 다시 질문이 있다는 뜻으로 손을 들었다.

학교에서는 한 번도 본 적이 없는 모습이었다.

"뭔가? 말해 보게."

박사님이 따뜻한 눈길로 종호를 건너다보셨다.

"네, 유례없는 비극이 뭐였는지 좀……."

질문을 한 자신이 대견한지 종호의 얼굴이 살짝 상기되어 있었다.

"이런! 내가 한 발짝 건너뛰어 버렸군그래. 옛날 얘기를 하려니 나도 모르게 흥분해서 그만……."

박사님은 찻잔을 들어 반쯤 녹아 버린 얼음조각을 입에 넣고 오물거리며 잠시 숨을 돌리셨다.

"그건 제1차 세계 대전이었어. 참으로 끔찍한 비극이었지. 그런데 전쟁이 발발한 이듬해 여름이 시작될 무렵……."

박사님이 다시 말을 멈추셨다.

"좀 쉬었다 하세요."

박사님이 무리하시는 건 아닌지 나는 조금 걱정스러웠다. 박사님은 염려 말라는 듯 고개를 저으며, 다시 얼음 한 조각을 입에 넣고 달그락달그락 굴리기 시작했다.

"아니, 괜찮아. 근데 요 얼음 참 맛있구먼."

(귀여워!)

불경스러운 표현이긴 하지만, 얼음을 입에 물고 달그락거리는 박사님의 모습은 정말 귀여웠다. 수다든 산책이든, 덕분에 박사님 기분이 많이 밝아진 것 같아서 나도 마음이 활짝 개는 기분이었다.

"어디까지 얘기했나?"

얼음을 바삭 깨물어 삼키며 박사님이 종호와 나를 쳐다보셨다. 우리더러 한눈팔지 말라시더니, 얼음 굴리는 재미에 그만 길을 놓치신 모양이었다.

"전쟁이 발발한 이듬해 여름이요!"

우리는 입을 모아 소리쳤다.

"그렇지! 그렇지! 그해 여름이 시작될 무렵에…… 나는 마취에서 깨어나듯 갑자기 머릿속이 밝아지는 기분을 느꼈다네. 나는 생각했지. 어째서 문화에 대해 비판만 할 것인가? 어째서 우리의 문화를 다시 세우려는 작업은 하려 들지 않는가?"

열린 창문으로 시원한 바람 한 줄기가 불어와 박사님의 탐스러운 은발을 살짝 어루만지고 지나갔다.

박사님의 말씀이 이어졌다.

"그때부터 나는 인류의 문화를 다시 세울 새로운 사상에 대해 탐구하기 시작했다네. '문화철학'이라는 제목으로 새로운 책을 구상하기 시작한 거지."

나는 냉기가 가셔 버린 녹차를 한 모금에 쭉 들이켠 다음 엉덩이를 소파 안쪽으로 밀어 넣고 허리를 폈다.

박사님이 빙긋 웃으며 나를 건너다보셨다.

"들을 만한가?"

"네, 지금까진 귀에 쏙쏙 들어오고 있어요."

"저도요! 저도요!"

종호가 질세라 엉덩이를 들썩이며 말했다.

"좋아! 좋아! 내가 강의는 좀 하지. 이래봬도 한때는 잘나가던 대학교수가 아니었겠나."

"정말 잘하세요."

"듣기에 나쁘지 않군. 아부가 귀에 달콤한 걸 보니 나도 슬슬 망령이 나기 시작하는 모양이야."

"아부 아닌데요."

"됐고, 자, 나 먼저 출발하네."

"……."

"……."

"나는 생각했지. 인류 문화가 위기를 맞은 것은 무엇 때문일까?"

우리는 박사님 얼굴을 주시했다.

"그것은 사람들의 세계관이 위기를 맞았기 때문이다. 그렇다면 세계관이란 무엇인가? 자네, 세계관이 뭔가?"

박사님의 눈길이 나를 향하고 있었다.

나는 당황해서 눈을 내리깔았다. 갑자기 질문을 받자 순간적으로 머리가 텅 비어 버린 느낌이었다.

이렇게 불쑥 질문을 던지시다니, 이건 반칙이다.

"글쎄요, 세계관이란……."

내가 우물거리자 박사님이 대신 답을 하셨다.

"세계관이란 세계와 인간에 대해 사람들이 가지고 있는 생각을 이르는 말이지. 맞나?"

"네."

"그 세계관이 위기를 맞았기 때문에, 다시 말해서 사람들 사이에 이상주의적 세계관이 사라졌기 때문에 참된 문화의 이상도 그 힘을 잃어버린 것이라는 게 나의 생각이었지. 자, 다시 질문일세. 자네들은 참된 문화가 뭐라고 생각하나?"

"문화에도 참된 문화가 있고 참되지 않은 문화가 있나요?"

종호가 반문했다.

"물론 있고말고. 자, 이 부분은 좀 까다로우니까 정신 바짝 차리라고. 참된 문화란 개인과 사회의 윤리적 완성을 최고의 목표로 삼는 문화일세. 자네들도 학교에서 윤리 배우지?"

"지금은 아니고요, 2학년 올라가면 배우게 될 거라고 선생님이 말씀하셨어요. 저희 담임 선생님이 윤리 담당이시거든요."

내가 대답했다.

"오, 그래? 아주 훌륭한 분이시겠구먼. 선생님 말씀 잘 듣도록 하게. 자, 그럼 다시 본론으로 돌아가서……."

"……."

"……."

"참! 이 '윤리'라는 단어에도 동그라미를 쳐 놓도록 하게. 또 하나의 키워드니까. 오케이?"

"오케이!"

"오케이!"

"여기서 내가 말하는 윤리란 자네들이 학교에서 배우는 윤리의 개념에서 좀 더 넓고 깊게 들어가는 것이긴 한데, 지금은 자네들이 이해하고 있는 정도로도 충분하니 그냥 따라오도록 하게. 어디까지 얘기했더라?"

"참된 문화요."

종호가 냉큼 대답했다.

나는 놀라서 종호를 돌아보았다.

종호의 이런 모습은 정말 뜻밖이 아닐 수 없었다.

종호는 우쭐한 얼굴로, 내가 쳐다보는 걸 모르는 척 박사님 얼굴에 시선을 못 박고 있었다.

"그렇군. 그 얘기를 하던 중이었지."

박사님이 고개를 끄덕이며 말을 이으셨다.

"지식과 물질이 아무리 발달해도 거기에 윤리가 결여되었다면 참된 문화가 될 수 없다는 게 나의 생각일세. 윤리적 목표를 향해 나아갈 때만 인간은 지적·물질적 발전의 혜택을 충분히 누릴 수 있고, 그에 따르는 위험을 극복할 수 있지. 이해하겠나?"

"네!"

우리는 다시 합창했다.

"그런데 사람들은 그동안 인류가 이룩한 지적·물질적 발전이 곧 문화의 발전이라고 착각하고 윤리적 이상 따위는 아무래도 좋다는 생각을 가지게 되었네. 그 결과 인류는 무서운 위험에 빠졌고, 결국……."

"제1차 세계 대전이라는 끔찍한 비극에 휩쓸리게 되었죠."

종호는 아주 딴사람이 된 것 같았다. '담임 선생님이 이런 종호를 보면 얼마나 좋아하실까.' 하는 생각이 문득 뇌리를 스치고 지나갔다.

"좋아! 아주 좋아!"

박사님은 흡족한 얼굴로 이야기를 이어가셨다.

"사람들은 발전이라는 미명 아래 당장 눈앞에 보이는 이익만을 추구했고, 힘센 나라는 약한 나라를 닥치는 대로 침범하고 약탈했지. 모두가 윤리를 잃어버린 결과였어. 그러한 혼란에서 벗어나기 위해서는 인류가 지금이라도 이상주의적인 세계관을 회복하고 참된 문화를 건설하는 길밖에 없다는 것이 당시 내가 도달한 결론이었네."

박사님이 말을 멈추고 우리를 건너다보셨다.

"여기까지 정리되겠나?"

"네."

"네, 계속하세요."

"좋아, 그렇다면 참된 문화를 재건할 수 있는 이상적인 세계관이란 무엇일까?"

"……."

"……."

"이 물음에 대한 내 답은 윤리적 세계 긍정과 인생 긍정이라는 것이었네."

박사님은 목이 마르신지 잔에 남아 있던 녹차를 마저 비우시더니 뭔가를 확인하듯 종호와 나를 똑바로 바라보셨다.

"그런데 자네들, 내가 계속해서 '윤리적'이라는 단서를 붙이고 있는 데 충분히 주목하고 있겠지?"

"네, 윤리적 세계 긍정과 인생 긍정이요."

내가 대답하자 종호도 얼른 고개를 끄덕였다.

"그렇지, 윤리적 세계 긍정과 윤리적 인생 긍정일세. 세계와 인간에 대해서 단지 긍정적인 생각을 가지는 것만으로는 완전한 문화를 창조할 수 없네. 거듭 강조하지만, 그것은 어디까지나 윤리적이어야만 해."

"윤리가 그렇게 중요한 것이군요."

뭔가 생각할 거리가 많다는 듯 종호가 고개를 주억거리며 말했다.

"중요하다마다. 그 중요성을 아무리 강조해도 충분하지 않을 만큼 중요하지. 자, 그럼 이쯤에서 내가 지금까지 무슨 얘기를 했는지 어디 한번 요약해 보게. 누가 해 볼까?"

"……."

"……."

침묵이 흐르자 종호가 나를 쿡 찔렀다.

"박사님이 물으시잖아. 빨리 대답해."

(혼자 잘난 척하더니만 중요한 대목에선 엉덩이를 빼시겠다?)

종호가 얄미웠지만 박사님이 대답을 재촉하는 눈으로 나를 지켜

보고 계셨다. 나는 주뼛주뼛 입을 열었다.

“음…… 그러니까…… 인류를 혼란에서 구원하기 위해서는 윤리적 세계관을 가지고 참된 문화를 재건해야 한다.”

대답하고 보니 좀 더 깔끔하고 조리 있게 대답할 수도 있었다는 아쉬움이 스쳤지만, 박사님은 그것만으로도 충분히 흡족하신 듯 짝짝 박수를 쳐 주셨다.

“엑설런트! 아주 훌륭해! 이것으로 우린 한 고개를 넘었네. 그런데 이보게들!”

“네?”

“네?”

“다음 고개를 공략하기에 앞서 우리 뭔가 군것질을 좀 하면서 원기를 보충하는 건 어떨까?”

“좋죠!”

종호가 휠체어에서 뛰어오를 듯이 좋아라 손뼉을 쳤다.

“좋지? 군것질이란 언제나 너무 즐겁지 않나?”

박사님이 자리에서 일어나 짐짓 부산하게 부엌으로 건너가며 말씀하셨다. 레나 아주머니는 오늘 저녁 지방에서 아는 분의 가야금 공연이 있어 모처럼 짧은 여행을 떠나셨다고 했다.

“군것질 없는 인생은 용돈 없는 휴일과 같을 거야.”

즐거운 듯 읊조리시는 박사님의 등 뒤에다 종호가 신이 나서 소리쳤다.

"앙꼬 없는 붕어빵이란 말도 있죠!"

"아, 붕어빵! 그거 정말 맛있는데! 요즘도 붕어빵 파는 데가 있을까?"

"겨울에 많이 팔긴 하지만 요즘도 찾아보면 파는 데가 있을 걸요? 다음에 대한이 올 때 사오라고 그럴까요?"

(사람을 옆에 앉혀 놓고 저! 저! 저! 저! 수작 좀 보소!)

종호는 어처구니없어하는 나의 시선쯤은 아랑곳없이 빙글빙글 웃으며 부엌 쪽으로 고개를 뽑고 있었다.

"그럼 우리 사이가 돈독해지는 데 일층 도움이 되겠지. 강아지도 먹을 걸 주는 사람을 따르는 법이니까."

"박사님도 참! 어떻게 강아지에 비유하세요?"

"뭐 어때서? 자넨 여자에 대해서만이 아니라 개들에 대해서도 편견을 가지고 있나?"

"편견이라기보다…… 개랑 사람은 엄연히 다르니까."

"엄연히는커녕 눈곱만큼도 다르지 않다네. 차차 알게 되겠지만."

박사님이 말린 자두와 땅콩, 오렌지 주스가 담긴 쟁반을 거실 테이블에 내려놓으며 말씀하셨다.

"아으, 박사님! 먹을 때는 좀 먹는 데만 신경 쓸 수 있게 해 주시면 안 될까요?"

종호가 과장스럽게 징징거렸다. 엄살 좀 부려도 될 만큼 충분히 예쁜 짓을 했다는 우쭐함이 담긴 목소리였다.

박사님이 쟁반을 들었던 손을 들어 당신 이마를 탁! 치시며 어릿광대처럼 익살스러운 표정을 지으셨다.

“내 말이 그 말일세, 슈바이처! 제발 먹을 때는 먹는 데만 집중하자고!”

2.

말린 자두는 처음 먹어 보는 것이었는데 새콤달콤하면서 쫄깃한 게 아주 색다른 맛이었다. 땅콩은 볶지 않아 살짝 비린내가 났지만 계속 씹으니 고소하면서도 신선한 맛이 났다.

박사님과 종호와 내가 주거니 받거니 우스갯소리를 늘어놓으며 열심히 군것질을 하고 있을 때 노크 소리가 들리더니 요제프가 급한 용무가 있는 얼굴로 들어왔다.

"어제 갈비가 아퍼서 입원혔던 부인이 지금은 또 등심이 많이 아프다는구먼유. 오늘 당직은 내과의 김 선생인디 박사님께서 잠깐 와서 봐 주셨으믄 헌답니다유."

종호가 푸훗! 웃음을 터뜨리는 바람에 씹고 있던 땅콩 부스러기가 주스 컵 속으로 날려 떨어졌다.

박사님은 소파에서 일어나 옷걸이에서 가운을 내려 걸치시고는 요제프의 어깨에 양손을 얹으며 말씀하셨다.

“알았네, 요제프. 내 곧장 가 보지. 그런데 자네, 내 부탁 한 가지 들어 주려나?”

“들어 드릴 만허믄 들어 드려야쥬. 들어 드릴 수 없는 거믄 못 들어 드리는 거구유.”

“실은 레나가 볼일이 있어 집을 비웠다네. 보다시피 친구들이 와 있는데, 자네가 모처럼 실력을 발휘해서 간단하게 저녁 준비를 좀 해줬으면 하네만.”

요제프가 내 쪽을 돌아보며 어깨를 으쓱해 보였다.

“대한이 저녁이야 얼마든지 해 줄 수 있쥬. 허지만 박사님은 내 솜씨가 별로라 허셨으니 따로 알어서 해결허시는 게 좋지 않겄는가유.”

“그런 말 한 적 없네. 다만 그날은 국수가 좀 덜 삶긴 게 아니냐고 물어봤을 뿐이지.”

“그 말이 그 말이쥬. 암튼 여긴 내가 알어서 헐 팅게 싸게싸게 환자헌티나 가 보시더라구유.”

“고맙네. 다녀옴세.”

박사님이 나가시자 요제프는 박사님께 딴죽을 건 게 재미있는지 혼자 킬킬 웃으며 소파에 털썩 주저앉았다. 몇 달 병원을 오가는 동안 이런저런 작업을 함께하면서 나와도 정이 듬뿍 든 흑인 할아버지다.

테이블을 내려다본 그의 입이 함박만해지면서 큼직한 검은 손이 새매처럼 접시를 덮쳤다.

"내가 좋아허는 말린 자두잖여!"

박사님은 한 시간쯤이나 지나서야 병원에서 돌아오셨다.

서쪽 하늘을 붉게 물들이며 길고 긴 여름 해가 저물고 있었다.

어스름이 내리자 박사님은 거실 창문을 모두 닫으셨다. 요제프가 만든 카레라이스를 넷이서 맛있게 먹고 난 다음이었다. 요제프의 카레는 무슨 요술을 부렸는지 고기도 없이 감자와 양파만 넣고 끓였는데도 정말 맛이 있었다.

"할머니께서 걱정하시지 않을까?"

소파로 돌아와 앉으며 박사님께서 나를 보고 물으셨다.

"병원에 간다고 말씀드렸으니까 걱정하시진 않을 거예요. 할머니도 박사님 광팬이거든요."

대답하면서 문득 내 말이 길어지고 있다는 생각을 했다. 길어지고 있을 뿐 아니라 수다스러워지고 살짝 비틀리고 때론 경박해지고 있었다. 박사님을 닮아 가는 것인지, 종호에게 물들어 가는 것인지. 다른 건 몰라도 마지막 사항은 종호의 악성 바이러스 탓일 게 분명했다.

"고맙구먼. 보잘것없는 늙은이를 좋게 봐 주시니. 자, 그럼 셋이서 재미나게 놀아 보자고. 버스는 밤늦게까지 있으니까."

박사님이 흐뭇한 얼굴로 둥근 배를 긁적거리며 말씀하셨다. 배가 불러선지, 팬이 늘어나선지, 수다 떨 시간이 널널해져선지 낮에 병원에서 뵀을 때보다 기분이 좋아지신 것만은 틀림없었다.

나는 박사님이 은근히 붙잡으시는 걸 은근히 즐기면서 슬쩍 박사님의 옆구리를 찔러 보았다.

"내일 학교에 가야 하니까 일찍 가서 일찍 자라고 하셔야 되는 것 아닌가요?"

박사님이 거만한 표정으로 나를 건너다보셨다.

"나는 그렇게 마음에 없으면서 진부하기까지 한 말을 가장 싫어한다네. 어른들은 진부한 생각만 하고 진부한 말만 할 거라는 생각도 편견일세. 이제 보니 자네들은 아주 편견덩어리들이로구먼."

역시 박사님의 내공은 만만치 않다.

찔러 봤자 찌르는 손가락만 아플 뿐.

"네에, 잘못했으니 가던 길이나 계속 가세요."

나는 얌전히 꼬리를 내렸다.

"그래, 그러자고. 어디까지 했지?"

박사님이 흠, 흠, 목청을 고르셨다.

"한 고개 넘었어요!"

종호가 또 똘똘한 체를 했다.

"좋아. 그럼 두 번째 고개."

박사님은 턱을 괸 팔을 소파 난간에 기대고 잠시 천장을 응시하셨다.

"인류가 참된 문화를 재건하려면 윤리적인 세계관이 필요하다는 데까지 얘기했었지. 자네들, '재건'이라는 말뜻은 아나?"

"다시 세우는 거라고 계속 얘기하셔 놓고는."

뱉고 보니 역시 버릇없는 말투다.

박사님이 고개를 끄덕이며 말을 이으셨다.

"그랬나? 좋아. 그러니까 '재건'이란 과거에는 있었던 무엇인가가 지금은 없어져서 다시 세운다는 뜻이 아닌가? 이건 곧 무슨 뜻인가?"

"……."

"……."

"지금은 없어졌지만 과거에는 참된 문화가 존재했다면 과거의 사람들, 그러니까 지난 세대의 사람들은 윤리적인 세계 긍정과 인생 긍정의 세계관을 갖고 있었다는 뜻이 아니겠는가?"

"이야긴즉슨 그렇게 되죠."

종호가 고개를 끄덕였다.

"그런데 현대인은 그걸 잃어버렸어. 이유가 뭘까?"

나는 잠시 생각에 잠겼다.

종호가 먼저 대답했다.

"살기가 힘들어져서?"

"20점 주지. 백지를 낸 게 아닌 이상 기본 점수라는 게 있으니까."

종호가 쩝, 입맛을 다셨다.

박사님의 시선이 나를 향했다.

"세상이 너무 복잡해져서?"

자신은 없었지만 일단 뱉어 보았다.

"30점!"

점수가 짜기도 짜다.

어차피 100점을 기대하지도 않았지만.

"에이, 그러지 말고 그냥 박사님이 말씀해 주세요."

종호가 어리광인지 애교인지 모를 코맹맹이 소리를 했다.

박사님이 종호와 나를 건너다보셨다.

"그럴까? 좋아, 그럼 내가 또 인심 쓰지."

말은 그리하시지만 대화가 제법 어우러지는 게 나쁘지는 않은 눈치셨다. 우리는 다시 박사님 얼굴에 시선을 고정시켰다.

"그러니까…… 현대에 와서 윤리적인 세계 긍정과 인생 긍정의 세계관이 실종된 건…… 사람들이 올바르게 사고하는 능력을 잃어버렸기 때문이야. 사고, 즉 생각이 중요하다고 했던 건 잊지 않았겠지?"

"네!"

"네!"

"올바르게 사고한다는 건 무엇이 가치 있는 발전이고 무엇이 가치 없는 발전인지를 구별할 줄 아는 통찰력을 갖는다는 것이지."

"잠깐만요!"

외치고 보니 나도 종호처럼 손을 들고 있었다.

박사님이 나를 쳐다보셨다.

"왜? 빠른가?"

"아뇨. 빠른 건 아니고…… 발전에도 가치 있는 발전과 가치 없는 발전이 있다는 말씀이 좀 정리가 안 돼서요."

종호도 동감이라는 듯 고개를 끄덕였다.

"그건 중요한 얘기라네. 발전이라고 다 가치 있는 발전은 아니라는 것. 예컨대……."

생각을 뒤적이시는 듯 잠시 이야기가 끊어졌다.

우리는 박사님의 말씀이 이어지기를 기다렸다.

"예컨대 말일세…… 사생활을 침해하는 정보 기술의 발전이라든가, 날로 그 살상 방법이 첨단화되어 가는 신무기의 개발처럼 우리 사회의 발전이라는 것이 사회 구성원들을 보다 행복하게 만드는 방향이 아니라 그들의 자유를 구속하고 평화를 깨뜨리는 방향으로 진행된다면 그것을 가치 있는 발전이라고 할 수 있을까?"

"……."

"……."

"그런 예는 그 밖에도 얼마든지 들 수 있다네. 이를테면 마약이나 도박 같은 것 말이야. 인간의 정신을 지배하고 파괴하는 그런 사업들이 날로 발전하고 번창해 간다면 그걸 가치 있는 발전이라고 할 수 있겠나?"

"그런 게 나쁘다는 건 누구라도 쉽게 알 수 있을 텐데요."

내가 이의를 제기했다.

"과연 그럴까? 어디 한번 다른 예를 들어 보세."

박사님은 잠시 생각하다가 다시 입을 여셨다.

"소비자들에게 맛있고 탐스러운 사과를 제공하기 위해 밤낮으로 연구하고 노력하는 과수업자가 있다고 가정해 보자고. 훌륭한 결실을 위해 자신의 사과나무에 정성껏 농약과 살충제를 살포하고 있을 때, 그는 바로 그 순간 자신의 행위가 소비자들의 건강과 생명을 위협하고 나아가 지구 환경을 파괴하고 있다는 사실을 생각하고 있을까?"

"……!"

"……!"

"그런 거야. 자신은 올바른 일을 하고 있다고, 심지어 자신의 행위를 통해서 인류 발전에 이바지하고 있다고 믿고 있지만, 그 결과가 인류에게 해악이 되는 경우는 의외로 많다는 것……."

"그래서 올바른 사고가 필요한 거군요!"

때를 놓치지 않고 종호가 날렵하게 끼어들었다.

박사님이 고개를 끄덕이셨다.

"그렇다네. 바로 그 지점에서 올바른 사고, 다시 말해서 무엇이 가치 있는 발전이고 무엇이 가치 없는 발전인지를 구별할 줄 아는 통찰력이 절대적으로 요구되는 것이지."

"네에……."

종호와 나도 고개를 끄덕였다. 학교 수업에서라면 꽤나 골머리가 지끈거렸을 얘기를 조곤조곤 풀어 나가시는 박사님의 말솜씨가 신기했다.

박사님의 살피는 듯한 눈길이 종호와 내 얼굴을 더듬었다.

"계속해도 되겠나?"

"네!"

"네!"

우리는 씩씩하게 대답했다.

박사님의 입가에 흡족한 미소가 떠올랐다.

"그런데 현대인들은 올바르게 사고하는 능력을 잃어버렸다고 했지? 그 이유는 살기가 힘들어져서 또는 세상이 복잡해져서, 라는 한

심한 답안을 제출받은 기억이 나네만."

박사님은 우리를 놀리는 게 그리도 재미있으실까.

금세 의기소침해진 우리의 머리 위로 박사님의 말씀이 이어졌다.

"그 성의 없는 대답에 2, 30점씩이라도 점수를 줬던 건……."

"……?"

"……?"

"뭐, 실은 그게 정답이었기 때문이지."

박사님의 눈 속에 장난기가 자글거렸다.

"정답인데 어째서 20점이에요?"

종호의 볼멘소리를 박사님은 가벼운 초식으로 격파해 버렸다.

"요는 성의가 있느냐 없느냐 하는 것이지."

"성의 있는 대답은 뭔데요?"

종호는 아무래도 억울하다는 표정이다.

"그게 성의 있는 답변이 되려면…… 현대인들은 자기 생각에 자신을 가질 수 없게 만드는 여러 가지 요소들로부터 끊임없이 영향을 받고 있기 때문에 올바르게 사고하는 능력을 잃어버렸다. 그들이 보고 듣는 모든 것 속에 그들의 정신적 독립을 방해하는 요소들이 들어 있다. 그들이 속한 단체나 직장, 그들이 만나는 사람들 속에도 그러한 요소들은 광범위하게 퍼져 있다…… 뭐, 이쯤은 돼야지. 어떤가?"

박사님이 종호를 건너다보며 물으셨다.

종호가 뭐라 입속말을 웅얼거리며 머리를 긁적거렸다.

"한마디로 그들의 생활 구석구석에 그러한 요소들이 퍼져 있다 해도 과언이 아니라는 얘기야."

박사님의 말씀이 이어졌다.

"사람들은 그들에 대해 권리를 가지고 있는 개인이나 조직으로부터 삶에 필요한 진리와 믿음을 받아들이도록 강요당하면서 살아가고 있어. 광고를 통해 영양제나 운동 기구를 사라고 강요당하는 것처럼 자기 생각이 아닌 여러 가지 믿음을 받아들이도록 끊임없이 강요당하고 있지."

"맞아요!"

"그건 사실인 것 같아요."

종호와 내가 각각 대꾸했다.

"사실이야. 그리고 그런 날이 되풀이되면서, 사람들은 차츰 자기 생각을 의심하기 시작하게 되지. 자기 자신의 독자적인 생각에 대한 자신감을 잃고 사회가 권하는 권위 있는 생각들을 받아들이게 되는 거야."

나도 모르게 고개가 주억거려졌다.

"사회가 권하는 권위 있는 생각들이라는 말씀은 정말 적절한 표현인 것 같아요."

“그렇지? 내 말이지만, 곱씹어 봐도 정말 적절하고 적확한 표현이라는 생각이 드는군.”

타이밍을 놓치는 법이 없는 깨알 같은 자랑에 이어 현대인이 처한 상황에 대한 박사님의 진단이 계속되었다.

“그들은 일에 지쳐 정신 집중을 할 수 없는 산만한 인간들이기 때문에 이와 같은 바깥으로부터의 영향에 대해 적절한 저항을 할 수가 없어. 뿐만 아니라, 결코 벗어날 수 없는 물질적인 어려움이 그들의 심리 상태에까지 영향을 주기 때문에 그들은 결국 스스로를 독자적인 생각을 내세울 자격이 없는 하찮은 인간이라고 믿게 되는 것이지.”

“스스로를 하찮은 인간이라고 생각하는 사람들이 그렇게 많단 말씀이세요? 겉보기엔 다들 멀쩡해 보이는데?”

종호가 고개를 갸웃거렸다.

“많다마다! 그들은 또한 날마다 쏟아져 나오는 새로운 지식에 의해서도 압력을 받고 있어. 그 새로운 지식을 충분히 이해하지 못하면서도 받아들이지 않으면 안 되기 때문에, 사람들은 자신이 실제로는 그 지식을 제대로 이해하지 못하듯이 사고에 있어서도 자신의 판단력이 충분하지 못할 거라는 생각에 사로잡히게 되는 거지.”

“맞아요! 맞아요!”

종호가 열광적으로 공감을 표했다.

"바로 제 얘기를 하시는 것 같아요!"

"그런가? 하지만 그렇게 느끼는 사람은 자네 말고도 부지기수라는 사실을 기억하게. 방금 자네는 사람들이 겉보기에는 다들 멀쩡해 보인다고 말했는데, 그들의 자신만만한 태도 뒤에는 대개의 경우 그와 같은 정신적 불안이 숨어 있다네."

잘 알아듣고 있다는 듯 종호가 고개를 주억거렸다.

종호는 이 주제가 꽤나 마음에 드는 모양이었다.

"실상 그들은 자기만의 독자적인 생각을 통해 진리에 도달해 보겠다는 용기를 잃어버린 채 아무런 사상도 없이 이런저런 견해 사이를 떠밀려 다니는 허깨비에 지나지 않아."

"그러니까 저만 그런 게 아니라는 거죠? 멀쩡하고 자신만만해 보이는 인간들도 속으로 불안불안하기는 마찬가지라는 거죠?"

종호가 확인하듯 거듭 다짐을 두었다.

박사님의 얼굴에 미소가 떠올랐다.

"내가 장담하지."

종호는 큰 깨달음을 얻은 것처럼 만족스러운 얼굴이었다.

나는 잠시 생각을 정리해 보았다.

"어렴풋이 알 것 같아요. 그러니까 그것이 현대의 분위기라는 거죠?"

"그렇지."

"텔레비전 드라마를 봐도 그렇고, 뉴스를 봐도, 학교 애들을 봐도 그런 불안이 느껴져요."

"맞아. 불안하기 때문에 그들은 더욱 많은 견해를 받아들여 자신을 무장하려고 하지. 그러나 강요된 진리는 아무리 그럴듯해 보이는 것이라도 깊은 내면으로부터 사람들의 생각과 하나로 결합할 수 없기 때문에 그들의 불안을 없애 주지 못한다네. 단지 잠깐잠깐 불안의 뚜껑을 덮는 데 그칠 뿐이지."

"네에."

"여기까지 대략 정리가 되겠나?"

"네, 대충은요."

"좋아. 방금 우린 두 번째 고개를 내려왔네."

"고개가 모두 몇 갠데요?"

종호가 물었다.

"세 개. 좀 쉬었다 갈까?"

"괜찮아요. 마저 넘고 쉬죠, 뭐."

이쯤은 아무것도 아니라는 듯 은근히 건방을 떨면서 종호가 나를 돌아보고 물었다.

"너도 괜찮지?"

어처구니가 없어서 할 말이 없었다.

종호가 다시 박사님을 향했다.

"얘도 뭐 이 정도는 따라올 거예요. 계속하세요."

박사님이 웃으셨다.

"좋아. 이제 마지막 고갤세. 여긴 특별히 난코스는 없네만, 우리가 앞서 두 고개를 넘어온 이유가 모두 이 세 번째 고개의 정상을 보기 위해서였다는 사실을 기억하도록."

"염려 마시고 앞장서세요. 지금부터가 중요하다는 것쯤은 저희도 알고 있으니까요."

언제 '저희'의 대변인이 되었다는 것인지, 종호의 나부대는 꼴이 점입가경이었다. 나는 눈에 날을 세워 종호를 힘껏 쏘아봐 주었다. 간지럽지도 않다는 듯 날름 혀를 내밀어 보이는 종호를 못 본 척 박사님이 근엄하게 선언하셨다.

"자, 그럼 출발하네."

3.

"방금 우리는 현대인들로 하여금 올바른 사고를 할 수 없게 만드는 여러 가지 이유들을 살펴봤네. 그렇다면 그들을 올바른 사고로 이끌어 줄 새로운 사상은 무엇일까? 무엇이 올바른 사고의 기준이 될 수 있을까?"

또 하나의 화두를 꺼내 들고 박사님이 종호와 내 얼굴을 번갈아 쳐다보셨다.

어느 틈에 요령을 터득한 종호가 잽싸게 말을 받았다.

"물론 답을 얻으셨겠죠?"

박사님이 '이것 봐라?' 하는 표정으로 종호를 건너다보셨다.

종호가 유들거리며 한마디를 보탰다.

"갈 길도 먼데 정답 펼쳐 놓고 그냥 쭈악 가시죠?"

"내가 얼마를 끙끙거려 얻은 정답을 그냥 쭈악 펼치란 말인가?"

"많이 힘드셨어요?"

내가 웃으며 끼어들자 박사님은 과장되게 고개를 끄덕여 보이셨다.

"한동안은 완전히 깜깜했지. 햇빛 한 점 새어들지 않는 독방에 혼자 갇혀 있는 심정이었다니까."

당시를 회상하자 감회가 새로운 듯 박사님의 눈빛이 아련해졌다.

"언제 그곳에서 나갈 수 있을지, 도대체 나갈 수나 있을지조차 알 수 없는 상태로 말이지."

"……."

"……."

"일종의 정신적 흥분 상태라고 할까. 모든 신경을 곤두세우고 밤낮으로 그 문제에 집중해 보았지만 아무런 해답도 얻을 수가 없었지. 나는 내가 그때껏 도달했다고 믿었던 철학의 중심 지대가 실제로는 전혀 탐험되지 않은 땅임을 인정하지 않을 수 없었다네."

우리는 고개를 끄덕여 드렸다. 박사님을 격려하는 의미로다가.

박사님의 말씀이 이어졌다.

"사방에서 그 안으로 들어가려고 시도해 보았지만 언제나 문 앞에서 포기할 수밖에 없었어. 필요한 사상을 눈앞에 뻔히 보면서도 그것을 집어내어 말로 표현할 수가 없었던 거야."

"정말 힘드셨겠어요."

"그랬다니까."

"그래서 어떻게 하셨어요?"

"나는 지칠 대로 지쳐서 점점 용기를 잃어가고 있었지. 그러던 어느 날……."

박사님은 말을 멈추고 요제프가 깎아 놓고 간 참외 한 조각을 집어 드셨다.

"나는 그런 상태에서 강을 따라 긴 여행을 하게 되었네. 선교사 부인 하나가 병이 나서 그녀를 치료하기 위해 200킬로미터 상류에 있는 마을을 방문하게 됐거든."

"아프리카에서 그러셨다는 거죠?"

내 말에 박사님이 참외를 한 입 베어 물다 말고 눈을 둥글리며 나를 건너다보셨다.

"이런! 이야기에 약간의 비약이 있었나 보군. 잘 지적해 주었네. 그러니까 내가 여기에 대해 처음 생각하기 시작한 건 대학 시절의 일이지만, 지금 얘기하고 있는 생각들을 머릿속에 쌓아가기 시작한 건 아프리카에서 의사로 일하면서였네."

"네에."

"지금부터 얘기하려는 에피소드도 물론 아프리카에서 있었던 일이고."

"네에."

"그런데 박사님!"

종호가 손을 번쩍 들었다.

"응?"

"창문을 좀 열까요?"

"응? 왜?"

무슨 소린지 못 알아듣겠다는 듯 박사님이 멀뚱한 표정을 지으셨다. 그러는 박사님의 관자놀이로 땀이 미끄럼을 타며 흘러내리고 있었다.

실은 나도 아까부터 덥다고 느끼던 참이었다.

몇 년째 계속되는 이상기후로 올해도 일찌감치 시작된 무더위가 맹위를 떨치고 있었다. 가건물인 사택 안은 더구나 찜통 속처럼 후텁지근했다. 박사님 댁 거실에는 선풍기도 에어컨도 없었다. 우리 집에도 에어컨은 없지만 선풍기 정도는 있는데. 그러면서 사방 창문까지 꽉꽉 닫아 놨으니 이거야 사우나가 따로 없었다.

더는 못 참겠다는 듯 종호가 소리쳤다.

"너무 더워요!"

"그래? 난 괜찮은데?"

여전히 멀뚱한 표정인 박사님의 얼굴을 향해 종호가 입을 쑥 내밀었다.

"그거, 땀 아니세요?"

"땀?"

박사님이 이마를 쓰윽 훔친 손바닥을 힐끗 내려다보시더니 바지 무르팍에 슬쩍 문질러 닦으며 말씀하셨다.

"으응, 말을 많이 해서 열이 좀 나나 보군. 뭐, 별일 아닐세."

종호가 뭐라 말하려는 걸 무시하고 박사님이 말머리를 돌리셨다.

"9월의 어느 날이었네. 나는 작은 기선을 타고 출발했지. 배는 모래언덕 사이로 느릿느릿 강을 거슬러 올라가고 있었네. 나는 멍하니 갑판에 앉아 그때까지의 어떤 철학에서도 발견하지 못한 새로운 윤리 사상을 찾아내고자 생각에 생각을 거듭했지."

나는 덥다는 생각을 털어 버리려고 머릿속에 그림을 떠올려 보았다. 작은 배의 난간에 걸터앉아 골똘히 생각에 잠긴 얼굴로 강을 거슬러 올라가는 박사님의 모습이 어렵지 않게 그려졌다.

"강 양쪽으로는 끝없는 원시림이 이어지고 있었네. 그 울창한 숲을 바라보며 나는 생각했지. 저 숲 속에서는 지금도 사나운 짐승들이 서로 찢고 잡아먹는 싸움을 벌이고 있겠지. 지금 유럽에서 전쟁을 벌이고 있는 사람들도 저 짐승들과 다를 바가 없지 않은가. 어떻게 하면 사람과 사람이 서로 죽이지 않고 평화롭게 어울려 살 수 있을까."

"……."

"……."

"두서없이 떠오르는 생각들에 좀 더 정신을 집중하기 위해 나는 생각나는 문장들을 하나하나 수첩에 써내려가기 시작했네. 그렇게 사흘째 되던 날 해 질 무렵……."

나도 모르게 침이 꿀꺽 삼켜졌다.

"배는 물속에서 놀고 있는 한 무리의 하마 떼를 헤치며 느릿느릿 나아가고 있었네. 하마들의 평화로운 모습을 바라보고 있는 동안 불현듯 어떤 생각이 뇌리를 스치고 지나가더군."

우리는 박사님의 입을 주시했다.

"모든 생명을 사랑해야 한다. 이 세상에 생명보다 귀한 것은 없다. '천하를 얻고도 제 목숨을 잃으면 무슨 유익이 있으리오.'라고 예수께서도 말씀하시지 않았던가."

"……."

"……."

"바로 그 순간 '생명에의 외경'이라는 말이 번개처럼 내 머릿속에 떠올랐네!"

박사님은 벌떡 일어나 성큼성큼 부엌으로 걸어가시더니 물 한 컵을 따라서 돌아오셨다. 그 물을 단숨에 들이켜고 빈 컵을 탁자에 내려놓은 박사님이 감회 어린 표정으로 말을 이으셨다.

"그때를 생각하니 지금도 가슴이 뛰는구먼. 사실 그건 그때까지 내가 예감해 본 적도, 구해 본 적도 없는 말이었거든. 마침내 철문이

열린 거야! 밀림의 길이 보이기 시작한 거지!"

이마를 덮은 백발 아래서 박사님의 두 눈이 청년의 그것처럼 환하게 빛나고 있었다.

"심장이 터질 듯 뛰고 있는 게 느껴지더군. '생명에의 외경'이라는 말이 머릿속에 떠오른 순간, 나는 그것이야말로 윤리적 세계 긍정과 인생 긍정을 가능하게 하는 새로운 세계관임을 확신할 수 있었지."

"원시림에 소리 없는 팡파르가 울려 퍼지는 게 들리는 것 같아요."

이렇게 읊고 있는 건 다름 아닌 내 목소리였다. 도대체 내 입에서 무슨 뚱딴지같은 소리가 울려 퍼지고 있는 것인지.

박사님의 입이 벙글어졌다.

"소리 없는 팡파르라! 그 표현 멋지구먼! 진작 그런 표현을 알았더라면 내 책에 써먹었을 텐데."

"놀리지 마세요."

"놀리는 게 아니라 정확히 그런 느낌이었다니까. 드넓은 원시림에 소리 없는 팡파르가 울려 퍼지는 것 같은 느낌."

"잠깐만요! 저도 물 좀 마실게요."

종호가 말했다.

물론 나더러 물을 갖다 달라는 말이었다.

내가 물 두 컵을 따라 자리로 돌아와 앉자 박사님은 참외를 아작거리고 계시다가 빠뜨린 게 생각났다는 듯 우리를 건너다보셨다.

"그런데 외경이 무슨 뜻인가?"

"외경이요? 으음…… 존경?"

"존경과는 조금 달라. 존경이 단순히 누군가를 높여 공경한다는 뜻이라면 외경은 공경하는 한편 어려워한다는 뜻이거든."

"저희가 박사님을 생각하듯이 말이죠?"

종호가 똘똘한 척 끼어들었다.

"틀렸네! 그건 존경이라니까. 사실 자네들이 나를 존경조차 진심으로 하는지 어떤지 확인할 길은 없지만 말일세."

"어째서 그렇게 생각하시는데요?"

내가 이의를 제기했다.

"자네들이 눈곱만큼이라도 날 어려워하는 기색을 본 기억이 없으니까. 자네들뿐만이 아니라 사람들은 도대체 나를 어려워하지 않아. 요제프만 해도 아주 날 공깃돌처럼 들었다 놨다 하는 거, 아까 자네들도 보지 않았나."

"뭐, 박사님 좋을 대로 생각하세요."

내 입에서 툭 튀어나간 건 종호 녀석의 말버르장머리였다.

박사님이 턱을 살짝 치켜들며 거만하게 말씀하셨다.

"충고해 주지 않아도 난 항상 내 좋을 대로 생각하는 사람일세. 암튼……."

(우우, 쪄!)

“외경이란 말뜻을 제대로 알았으면 다시 하던 얘기로 돌아가 보지. 그러니까 생명에의 외경이란…….”

목덜미로 등덜미로 종아리로 땀이 지렁이처럼 기어 내리는 게 느껴졌다.

“모든 생명 있는 것들을 공경하고 어렵게 여기는 마음이지. 그런데 이 마음은 어떻게 해서 우리 안에 일어나는 것일까.”

“…….”

“…….”

“나는 새로운 용기에 차서 이 주제에 대한 생각을 전개해 나가기 시작했네.”

“잠깐! 창문 좀 열고 올게요.”

나도 더는 참을 수가 없어졌다.

박사님이 집게손가락을 치켜드셨다.

“쉿, 조용히! 여기부터가 정상이야. 정신 똑똑히 차리라고.”

나는 반쯤 일으켰던 엉덩이를 소파에 도로 주저앉혔다.

(이거야 원!)

박사님은 내 표정을 아랑곳 않고 ‘마이웨이’만 부르짖고 계셨다.

“인간이 자기 자신에 대해서, 그리고 세계와 자신의 관계에 대해서 분명히 알고 싶다면 자신의 머릿속에 있는 지식과 생각들을 보지 말고 언제나 자신의 마음속에 있는 가장 근본적이고 직접적인 사실을 생각해야 하네. 이 사실에서 출발할 때만 인간은 참되고 올바른 세계관에 도달할 수 있는 거야. 자네!"

"네?"

나는 마음속으로 더워! 더워! 더워!를 연발하고 있다가 얼른 시치미를 떼고 박사님을 쳐다보았다.

"데카르트라는 사람 아나?"

"데카르트, 데카르트…… 들어 보긴 했는데……."

"됐고! 이 말은 알겠지? 나는 생각한다, 고로 나는 존재한다."

"네! 그리고 인간은 생각하는 갈대다!"

종호가 의기양양해서 외쳤다. 그런 걸 알고 있는 자신이 대견해 죽겠는 모습이었다.

"쯧쯧! 그건 파스칼이고. 암튼 좋아. '나는 생각한다, 고로 나는 존재한다.'라는 말에서 자네들은 어떤 생각을 끄집어낼 수 있겠나?"

"그야 뭐…… 글쎄요."

나는 고개를 갸웃거렸다.

"그래. 글쎄요 정도밖에 떠오르는 게 없지? 그건 그 명제가 너무 추상적이기 때문이야. 그렇게 추상적이고 내용이 없는 명제로부터 출발해서는 자기 자신이 누군지, 자신이 세계와 어떤 관계를 맺고 있는지 전혀 알 길이 없지."

"그럼 어디서부터 출발해야 되는데요?"

나름 적절한 리액션이라고 생각했는데 박사님은 매우 실망스럽다는 표정을 지으셨다.

"쯧쯧! 이제 보니 내 얘길 전혀 듣고 있지 않았구먼. 얘기하지 않았나? 자기 마음속에 있는 가장 근본적이고 직접적인 생각에서부터라고."

"아!"

"정신 차리라고 했을 텐데?"

"네, 너무 더워서 잠시……."

"쯧쯧! 지금 자네와 이 대화를 계속하는 게 의미가 있는 일인지 모르겠군. 지금 자네 마음속에 들어 있는 가장 근본적이고 직접적인 생각은 덥다는 것뿐일 테니까."

"정신 차렸어요. 말씀하세요."

"하긴 덥다고 느끼는 것도 생명 의지의 한 표현이기는 하지."

박사님이 혼잣말처럼 중얼거리셨다.

"뭐라고 하셨어요?"

"목마르다고!"

"네에, 갖다 드릴게요."

나는 피식 웃음이 나오는 걸 참으며 물 한 컵을 따라 박사님 앞에 놓아 드렸다.

"인간의 마음속에 들어 있는 가장 근본적이고 직접적인 생각은……."

박사님은 여전히 나의 '덥다'는 말을 무시하셨다.

(잊어버려야지. 잊어버리자고.)

마음을 가라앉히고 정신을 모으자 더위가 조금은 덜한 것 같았다.

박사님의 말씀이 이어졌다.

"'나는 살려고 하는 생명에 둘러싸인 살려고 하는 생명이다.'라는 것일세. 이것이야말로 사람들이 날마다 느끼며 살아가는 가장 분명하고 직접적인 사실이지. 여기에 대해 어떻게 생각하나?"

"맞아요. 나는 살려고 하는 생명이죠."

종호가 냉큼 선수를 낚아챘다. 박사님의 은총을 독차지하고자 일찍이 본 적 없는 열심을 보이고 있는 광신도 녀석이 제가 대답할 수 있는 대답을 할 수 있는 기회를 놓칠 턱이 없다.

"나는?"

"박사님도 살려고 하는 생명이겠죠. 아니세요?"

"허어! 하루에 10분만이라도 좀 진지해질 수 없겠나?"

"박사님도 편견을 버리세요! 저 진지하다니까요. '나는 살려고 하는 생명에 둘러싸인 살려고 하는 생명이다.' 그리고요?"

"쯧쯧!"

박사님은 부질없이 입만 아픈 잔소리보다 냉수를 한 모금 마시는 쪽을 택하셨다.

'어때?' 하는 표정으로 종호가 나를 돌아보았다.

모처럼 타점 하나를 기록했다고 기고만장한 모습이라니!

"암튼!"

박사님이 다시 목을 가다듬으셨다.

"'우리는 살려고 하는 생명에 둘러싸인 살려고 하는 생명이다.'라는 사실을 전제하고, 거기서 조금 더 나아가 보세."

"……."

"……."

"우리의 생명 의지 속에는 생명의 존속과 쾌락에 대한 동경이 있는가 하면 생명의 파괴와 고통에 대한 불안이 있지. 다시 말해서 우리는 즐겁고 행복하게 살고자 하는 욕망과, 죽음과 고통을 두려워하는 본능을 동시에 갖고 있어. 맞나?"

"네!"

"네!"

"우리를 둘러싸고 있는 다른 생명들도 우리와 마찬가지로 이러한 동경과 불안을 가지고 있지. 그런가?"

"네!"

"네!"

"생명에의 외경은 바로 이러한 사실을 사고의 출발점으로 삼을 때 비로소 인간의 마음속에 생겨나는 감정이지."

"……."

"……."

"그러므로 사고하는 인간은 다른 생명을 대할 때도 자신의 생명을 대할 때와 똑같은 생명에의 외경, 즉 생명을 존중하고 그 파괴를 두려워하는 마음을 갖지 않으려야 갖지 않을 수가 없다는 것일세. 그는 자신의 생명 속에서 남의 생명을 체험하고, 남의 생명 속에서 자신의 생명을 체험하지."

박사님이 말을 멈추고 우리를 건너다보셨다.

"어려운 것 없지?"

"네!"

종호와 내가 입을 모아 대답했다.

"좋아! 계속함세."

박사님이 다시 물을 한 모금 들이키셨다.

"사고하는 인간이 생각하는 선이란 생명을 유지하고 촉진하고, 발전할 수 있는 생명을 그 최고의 가치까지 끌어올리는 것이지. 반대로 그가 생각하는 악이란 생명을 파괴하고 손상하고, 발전할 수 있는 생명을 억압하는 것이지. 이것이 윤리적 사고의 필연적인 원리야. 요약해 보게. 여기까지 이해가 가나?"

"이해는 가는데……."

생각을 가다듬느라 내가 잠깐 멈칫거리는 사이를 종호가 날쌔게 비집고 들어왔다.

"박사님! 쉽게 말해도 되죠?"

"말해 보게."

"내가 살고 싶으면 다른 사람도 살고 싶고, 내가 죽기 싫으면 다른 사람도 죽기 싫다. 이 생각에서부터 출발하면 생명을 공경하고 어려워하는 감정을 갖지 않으려야 갖지 않을 수 없다."

박사님이 엄지와 중지를 부딪쳐 딱! 소리를 내며 고개를 끄덕이셨다.

"정말 잘했네! 한 가지만 수정하지. 나는 '다른 사람'이라고 말한 적이 없거든. 무슨 말인고 하니 생명에의 외경은 인간에게만 국한되는 것이 아니라 모든 생명에 두루 해당된다는 얘기야."

"넵!"

종호가 신바람이 나서 고개를 끄덕여 댔다.

"지금까지의 윤리는 인간에 대한 인간의 태도만을 문제 삼아 왔지만 이건 잘못일세. 자신의 생명을 소중하게 생각하는 인간은 다른 모든 생명체에 대해서도 그와 똑같은 책임감을 느껴야 해. 인간의 생명이든 동식물의 생명이든, 모든 생명을 신성하게 생각하고 어려움에 빠진 생명을 헌신적으로 도와줄 때만 인간은 윤리적일 수 있는 것이라네."

"넵!"

"그런데……."

박사님의 미간이 살짝 찌푸려졌다.

"불행하게도 세계는 지금 생명 의지의 분열이라는 비극에 빠져 있어. 자신의 생명을 보존할 욕심으로 서슴없이 다른 생명을 파괴하는 행위가 곳곳에서 자행되고 있지."

"……."

"……."

"나는 사람들이 그런 이기심을 버리고 생명에의 외경심으로 모든 생명을 끌어안을 때만 인류는 현재의 비극에서 벗어나 참된 문화를 건설할 수 있다는 것으로 내 생각을 최종 정리했네. 이상이 내가 말한 생명 외경 사상의 요지이고, 나의 《문화철학》을 이루는 내용일세."

"휴우! 굉장한 강의였어요!"

나는 깊은숨을 내쉬었다.

"고맙군. 그런데 어째 덥다는 투정이 쏙 들어가 버렸는가?"

"네? 어, 그러고 보니……."

나는 더위를 깜박 잊고 있었다. 블랙홀에 빨려 들어간 별똥별처럼 나도 모르는 사이에 박사님 이야기 속으로 흠뻑 빨려 들어와 있었던 모양이다.

박사님이 껄껄 웃으며 실토하셨다.

"실은 나도 더웠다네. 난 곰이 아니거든."

"네? 그건 또 무슨……."

"아까 자네 얼굴에 그렇게 씌어 있던데, 뭘."

"어떻게요?"

불만에 차서 떼떼거리는 여자로봇 같은 목소리로 박사님이 회심의 장풍을 날리셨다.

"아유우! 저 인간이 도대체 인간이야, 곰이야!"

4.

더위가 되돌아왔다. 문을 닫고 있어서인지 밤인데도 더위는 전혀 가시지 않았다. 방 안은 찜통이 아니라 가마솥 속처럼 푹푹 찌고 있었다. 박사님의 얼굴에도 땀이 줄줄 흘러내렸다.

"대꾸를 못 하는 걸 보니 날 곰이라고 생각했던 게 사실인가 보군. 오늘은 그냥 넘어감세. 늙은이와 놀아 주느라 딴에는 애를 쓰는 모습이 가상한 바 있으니까. 그런데 말일세."

"네."

"지금 저 바깥에선 나름대로 엄청 치열하게 살려고 하는 생명들이 살기 위해 우릴 먹으려고 호시탐탐 기회를 엿보고 있다는 거 알고 있나? 아마 창문이란 창문마다 새까맣게 들러붙어 있을 걸?"

"……?"

"그런 상황에 많이들 드시고 재미나게 노시다 가십시오, 하고 창문을 활짝활짝 열어붙이며 환영사를 읊을 수는 없는 노릇 아니겠나?"

"혹시……?"

"그래, 모기 말일세. 작년에 개원하고 이래저래 경황이 없어서 미처 방충망을 못했거든. 올해도 아직 거기까지는 손이 돌아가지 않아서 차일피일 미루고 있는 중이고 말일세."

듣고 보니 이거야말로 어처구니가 없는 말씀이었다.

"그래서 이 더위에 문이란 문은 죄다 꽉꽉 닫아 놓고 땀으로 목욕을 하고 계신단 말씀이세요?"

"그럼 어떻게 하나?"

"약국이나 슈퍼에 가면 간편하게 사용할 수 있는 모기향도 있고 모기약도 있다는 거 모르셨어요?"

"오호 통재라!"

"……?"

"자네 이때껏 내가 한 얘기를 엉덩이로 들은 게야?"

(아, 그렇지! 생명에의 외경!)

"하지만 설마 모기까지 공경하고 어려워해야 한다는 말씀은 아니시죠?"

끼어드는 종호가 이번만큼은 그렇게 고마울 수 없었다.

박사님이 진지한 얼굴로 우리들을 건너다보셨다.

"자네들 자신을 모기들의 저녁밥으로 공양하라는 얘기는 아니야. 하지만 살아 보겠다고 저리 기를 쓰고 덤비는 것들을 모기약 칙칙 뿌려서 무차별 학살하는 게 옳은 일일까?"

"모기는 뇌염이나 말라리아 같은 나쁜 병을 옮기잖아요."

실점을 만회할 요량으로 반론을 제기해 보았다.

박사님은 고개를 저으셨다.

"지금처럼 피하면 되네. 좀 더우면 어떤가? 하룻저녁 시원하게 보내자고 수많은 살아 있는 것들의 목숨을 빼앗느니 몇 시간 도 닦는다 생각하고 땀 좀 흘리는 쪽이 백 배 아름답지 않을까?"

"……."

"스님들이 요령을 흔들고 다니는 건 뱀들을 달아나게 하기 위해서고, 짚신을 즐겨 신는 건 자신도 모르는 사이에 벌레들을 밟아 죽이는 걸 피하기 위해서라고 들었네. 다 같은 맥락의 얘기지. 내가 생명에의 외경을 주창하기 수천 년 전부터 동양의 스님들은 그것을 몸소 실천해 오고 있었던 거야."

"……."

짧은 침묵 사이로 모기 몇 마리가 왱왱거리며 날아다니는 소리가 들렸다. 닫힌 문쯤 개의치 않고 기어이 침투에 성공한 대단한 녀석들이었다. 동족들 가운데서도 특별히 생명 의지가 왕성할 것이 분명한 그 녀석들이 뺨이나 손등을 공격해 오더라도, 박사님의 광팬인 우리는 아름답게 빰을 내밀고 기꺼이 우리의 피를 내 주어야 할 것이다.

"아프리카에서 일할 때 나는 흑인들을 위해서 수면병 치료제가 생긴 것에 감사했네. 당시 적도 아프리카에 널리 퍼져 있던 수면병은 삽시간에 한 지역을 황폐화시킬 수도 있을 만큼 무서운 병이었지. 발열과 두통, 강한 졸음을 동반하다가 급기야 환자를 혼수상태에 빠뜨려 죽음에 이르게 하는 이 특이한 병으로 우간다에서는 30만 명의 인구가 6년 동안 10만 명으로 감소했고, 오고우에 강 유역의 한 마을에서도 2000명의 인구가 2년 만에 500명으로 줄었어."

"끔찍하군요."

"끔찍했지! 그 끔찍한 재앙 속에 속수무책으로 방치되어 있던 가엾은 흑인들을 죽음의 공포로부터 구원해 줄 치료제가 발견된 것은 의학의 전체 역사에 비춰서도 대단한 성과가 아닐 수 없었네. 하지만……."

"무슨 문제가 있었나요?"

"엄밀하게 따지자면 이것은 어디까지나 생명의 한 측면에 국한된 관점에 지나지 않아. 우주적 차원에서 보자면 수면병균도 하나의 엄연한 생명체임이 분명하니까."

병균조차 하나의 엄연한 생명체라고 박사님은 말씀하고 계셨다.

나는 생각에 잠기지 않을 수 없었다. 생각할 것이 너무 많았다.

종호도 생각에 잠긴 얼굴이었다.

박사님의 말씀이 이어졌다.

"현미경을 통해서 수면병균을 들여다볼 때마다 나는 다른 생명을 구하기 위해 이 생명을 죽여야 한다는 것에 대해 가책을 느끼지 않을 수 없었네. 현미경 속에서는 또 하나의 세계, 곧 살려고 하는 무수한 생명의 때론 눈물겹기까지 한 삶의 드라마가 펼쳐지고 있었으니까. 내 생각이 극단적이라고 생각하나?"

"……."

"생명에의 외경은 온 우주를 대상으로 하는 사랑의 윤리일세. 우리는 부단히 스스로를 채찍질하고 노력함으로써 생명 사랑의 마음을 이러한 우주적 차원으로까지 확장시켜야 해. 특히 우리 인간은 수많은 다른 생명의 희생 위에서만 자신의 생명을 유지할 수 있는 존재이기 때문에, 생명 유지 이외의 욕심이나 오락을 위해 다른 생명을 괴롭히거나 해치는 일을 해선 안 되네."

모기 한 마리가 내 손등에 내려앉았다. 나는 움직이지 않았다. 실은 움직일 수 없었다는 게 맞는 말일 것이다.

이미 내 손에 사라진 것들이 너무 많았기 때문에.

박사님의 말씀이 이어지고 있었다.

"인류 전체가 채식주의자가 돼야 한다는 얘기가 아니라, 건강을 지키고 생명을 유지하는 데 필요한 이상의 사치와 쾌락, 혹은 재미를 위해 다른 생명을 살상하는 짓을 일삼아서는 안 된다는 말일세. 우주와 자신의 관계에 대해서 진지하게 생각하기 시작하면 우리는 누구나 이러한 우주적 사랑에 도달할 수 있지."

몹시 심각해져서 앉아 있는 종호와 내 꼴이 박사님 눈에는 꽤나 딱하게 보였을 것이다.

"자! 자! 자! 그럼 이쯤에서 지렁이와 내 수탉들 얘기로 되돌아가 볼까?"

박사님이 한 옥타브 높아진 목소리로 가라앉은 분위기를 흔드셨다.

"대한!"

"네?"

"지난번 내가 했던 질문에 이제 한번 답해 보게. 어떤 생명은 보다 중요하고, 어떤 생명은 상대적으로 중요하지 않다고 말할 수 있을까? 다른 생명을 희생시켜서라도 살려야 하는 생명이 있고, 다른 생명을 살리기 위해 희생되어도 좋은 생명이 있다고 말할 수 있을까?"

"그렇게 말할 수 없어요……."

나는 눈을 내리깐 채 기어들어가는 목소리로 대답했다.

역시 고개를 떨구고 있던 종호가 그 와중에도 주뼛주뼛 손을 들었다.

"질문이요."

"뭔가?"

"지렁이 얘기는 처음 듣는 건데요."

박사님이 깜빡했다는 듯 종호에게 수탉들과 지렁이에 대해 설명해 주셨다.

"…… 이제 알겠지? 어쩔 수 없는 경우, 예를 들어 두 생명 가운데 한 생명을 살리기 위해 다른 생명을 희생시킬 수밖에 없는 경우라 하더라도, 원칙적으로 생명 사이에는 차이가 없다는 사실을 잊어선 안 되네. 살아 있는 생명체의 목숨을 빼앗는다는 건 어떤 경우에도 절대적으로 옳을 수는 없으며, 그렇게 어쩔 수 없이 희생된 생명에 대해 우리는 항상 책임을 져야 한다는 사실을 기억해야 해."

이야기를 마친 박사님이 엄지손가락 두 개를 펴서 종호와 내 앞에 각각 내미셨다.

"자, 우리의 네 번째 고개를 위하여!"

우리는 엄지손가락을 맞부딪쳐 하이파이브를 했다. 박사님이 굳이 설명해 주시지 않아도 그쯤은 알아들을 수 있었다. 네 번째 고개란 오늘 지나온 세 개의 고개를 기억하며 이제부터 우리가 새롭게 올라가야 할 삶의 고개라는 것.

굳이 시계를 확인하지 않아도 창밖으로는 밤이 깊어 가는 기척이 느껴졌다. 마지막 버스를 놓치지 않으려면 이제 그만 일어나야 할 시간이었다.

4

그 한 사람

1.

여름방학이 시작되었다. 그 사이 할머니는 다시 일을 나가시기 시작했고, 종호가 퇴원해서 학교로 돌아왔다.

방학 후 첫 보충 수업이 시작되기 전, 습관처럼 노트 두 권을 책상 위에 펼치고 있는데 종호가 다가오더니 제 노트를 낚아챘다.

"됐어, 네 거나 해."

아이들이 무슨 일인가 하고 우리 쪽을 쳐다봤지만, 종호는 노트를 들고 제자리로 돌아가 버렸다.

수업이 끝난 뒤 화장실에서 손을 씻고 있을 때 종호가 다시 다가왔다.

"주말에 병원 갈 거냐?"

"응."

"만나서 같이 가자."

"그러든지."

우리와 엇갈려 화장실로 들어서던 민수가 종호와 나를 힐끗 쳐다보았다. 우리 둘이 나란히 화장실에서 나오는 게 뭔가 수상쩍고 걱정스럽다는 듯한 눈빛이었다.

민수는 말이 없고 이렇다 할 특징도 없어서 평소 거의 눈에 띄지 않는 아이였다. 특별히 친한 친구도 없어 보였는데, 종호와 나를 두고 굳이 편을 가른다면 심정적으로나마 살짝 내 쪽으로 기운 듯한 인상을 주는 반에서 몇 안 되는 아이 중 하나였다.

자칭 '개코'라는 종호가 뭔가 걸리는 게 있었던지 복도를 걷다 말고 뒤를 힐끗 돌아보며 말했다.

"쟨 왜 저러냐? 아까 우릴 쳐다보던 눈빛이 좀 기분 나쁜 것 같지 않았냐?"

나는 피식 웃고 먼저 교실로 들어왔다.

어쩌다가 우리가 '우리'가 된 건지.

사람 일이란 과연 알 수 없는 것이었다.

오늘은 종호와 약속한 주말.

학교 앞에서 만나 999번 버스를 타고 오면서 종호가 말했다.

"나 있잖아, 퇴원하기 전에 박사님께 인사 드리러 가서 말이야."

(무슨 뚱딴지같은 소리를 하려고 계집애들처럼 속닥속닥? 저랑

나랑 언제부터 그런 사이가 됐다고?)

상대가 심드렁하든 말든 종호는 만사 즐겁고 재미있다는 얼굴이다.

"그동안 혼자 생각하고 있던 걸 말씀드렸거든."

(무슨 생각?)

"박사님을 사부님으로 모시게 해 달라고 말이야."

나는 안 듣는 척 창밖만 내다보고 있다가 펄쩍 뛸 듯이 놀라고 말았다.

(사부님이라고? 박사님 제자라면 뭐로 보나 내가 먼저지, 얌체같이 내가 찜해 놓은 수제자 자리를 꿰차려 했단 말이야?)

녀석이 선수 치기 선수인 줄 알면서 방심하고 있었던 게 후회스러웠다. 나라고 슈바이처 박사님의 제자 되고 싶은 마음이 없었겠는가? 감히 청하기 어려워 그저 바라만 보고 있었던 건데 아차 하는 순간에 도둑질을 당한 기분이었다.

녀석의 깁스를 봤을 때처럼 배가 또 슬슬 아파오기 시작했다. 종호가 그런 내 속도 모르고 뺨이 닿을 듯이 고개를 기울여 왔다.

"그런데 박사님이 뭐라셨게?"

나는 관심 없는 척 귀만 쫑긋 세웠다.

"그게 맨입으로 될 말이냐고……."

(내 말이!)

"원래 제자를 받을 땐 마당 쓸기를 3년쯤 시켜 보고 나서 결정하는 법이라나."

딱지를 맞은 게 뭐가 재미있다고 종호는 자못 키득거렸다.

시샘으로 부글거리던 내 뱃속도 다시 잠잠해졌다.

"그러시거나 말거나 난 박사님을 사부님으로 모시기로 결심했어. 머리 박고 들어가면 쫓아내시겠어, 어쩌시겠어."

종호는 쉴 새 없이 주절거렸다. 하루만 안 봐도 안 보는 동안 있었던 일들을 미주알고주알 주고받아야 직성이 풀리는 여자애들처럼. 반 '짱'으로서의 체면을 돌보지 않을 수 없는 학교라는 공간을 벗어나자 드러내 놓고 내게 친한 척을 해 오는 것이었다.

센 척해도 알고 보면 귀여운 구석이 있는 녀석이라는 생각이 들었다. 귀찮아 죽겠다는 포즈로 스치는 풍경에만 눈을 주고 앉아서 나는 문득 생각했다. 나와는 달리 제 속을 스스럼없이 드러내 보이는 종호가 어쩌면 나보다 훨씬 순진한 인간이 아닐까.

박사님은 오늘도 자리에 안 계셨다. 환자를 보는 시간 외에는 도무지 엉덩이를 붙이고 있을 줄 모르는 부지런이였다. 하긴 인텔리 노릇을 진작 포기했다는 박사님이니까.

오늘 우리가 박사님을 발견한 곳은 병원 옆을 빙 둘러 낸 작은 도랑가였다. 박사님은 한 손에 삽을 든 채 쭈그리고 앉아 뭔가를 유심히 들여다보고 계셨다. 왜 그러고 계시는지는 이제 물어보지 않아도 안다. 그곳에서 또 뭔가 작은 생명체들이 박사님의 작업을 방해하고 있는 것이다.

"지난번 비에 둑이 무너져 더러 막힌 곳이 있어서 말이야. 태풍이 오기 전에 물길을 터놓으려고 일을 서두르다가 내가 그만 애들 집을 건드렸지 뭔가."

종호와 나를 돌아보며 박사님이 손가락으로 땅바닥을 가리키셨다.

"개미네요."

종호가 박사님 옆에 쭈그리고 앉으며 말했다.

족히 수천 마리는 됨직한 작은 개미들이 우왕좌왕하며 어디론가 부산하게 움직이고 있었다.

"이사를 하고 있는 거야. 정말 미안하게 됐어."

"그래서 이사가 끝나기를 기다리고 계신 거예요?"

"뭐, 그런 셈이지. 사람에게나 개미에게나 이사란 중대사가 아니겠나. 물길을 내는 일보다야 이사가 백번 큰일이지."

셋이 나란히 앉아 개미들의 대이동을 지켜보고 있을 때 요제프가 박사님을 부르러 왔다.

"지난겨울 홍두깨가 작살나서 들어왔던 장 영감이 오늘 퇴원허게 됐다구 잠깐 박사님을 뵙구 가겄다는디유."

"그렇군! 오늘이 그 양반 퇴원하는 날이었지. 그러잖아도 병실로 찾아볼 생각이었는데 잠시 깜빡했군."

박사님이 벌떡 일어서시다가 어이쿠! 하며 무릎을 움켜잡으셨다. 너무 오랫동안 쭈그리고 앉아 계셨던 탓에 다리에 쥐가 난 모양이었다.

"괜찮으세요?"

종호와 내가 동시에 물었다.

박사님은 찡그린 얼굴로 고개를 끄덕여 보이셨다.

"오늘은 괜찮어두 내일은 탈이 나쥬. 마음은 만년 청춘일 것 같어두 그리 혹사를 혀쌓는디 도가니가 남아나남유."

요제프가 쯧쯧 혀를 차며 비아냥거렸다.

박사님이 구부렸던 허리를 펴고 요제프를 흘겨보셨다.

"남의 도가니 걱정 말고 자네 도가니나 챙기라고. 먹으라고 준 관절 약은 어째서 자네 뱃속이 아니라 매번 책상 서랍에 들어가 있나."

한마디 던지고 박사님이 성큼성큼 앞장서 가자 요제프가 그 뒤를 쫓아가며 중얼거렸다.

"책상도 도가니가 아픈가부쥬 뭐……."

장 할아버지는 공사판에서 일하는 막노동꾼이었다. 가족도 없이 단칸 월세방에서 혼자 지내면서 일감 닥치는 대로 여기저기 현장을 쫓아다니며 살아왔다고 했다. 지난겨울 일을 마치고 귀가하다 빙판에 미끄러져 엉덩이뼈가 으스러지는 사고를 당한 것을 지나가던 행인이 박사님 병원으로 실어 왔는데, 그 사이 휠체어도 밀어 드리고 곁에 앉아 말동무도 되어 드리고 하면서 나와도 제법 친숙해진 사이였다.

병실에 들어서니 6인실의 침대 하나가 깨끗이 치워져 있고, 장 할아버지가 그 위에 짐을 꾸려 놓고 앉았다가 박사님 손을 덥석 잡으며 반색을 했다.

"박사님 덕분에 제가 다시 인간 되어 나갑니다요. 평생 앉은뱅이가 되거나 소처럼 엉금엉금 기어 다니며 살게 될 줄 알았는데……."

"잘됐어요. 이제 일상생활하시는 데는 별 지장이 없을 거예요."

"아이고, 그러게나요! 그러게나요! 처음 병원에 실려 왔을 때는 걷기는 고사하고 다시 일어나 앉을 수나 있을까 싶던 것이……."

"그래도 너무 무리는 하면 안 되는데, 생활하시려면 일을 안 할 수도 없지요?"

"이제 겨우 70인데 아직은 벌어먹고 살아야지요. 병원비도 공짜나 다름없이 고맙게 해 주셨는데 염치없이 오래 머물렀구먼요. 몸 성해졌으니 얼른 나가서 제 밥값은 해야지요. 박사님께 진 신세를 갚을 날이사 까마득하지만서도……."

"그런 생각일랑 말고 몸에 조금이라도 이상이 있으면 언제라도 병원부터 오셔야 합니다. 병원에 오길 어렵게 생각해서 다시 건강을 해치시면 나로서도 보람이 없어지는 셈이니까요."

"그리 말씀해 주시니 정말 고맙구먼요. 이래저래 너무 고마워서……."

말을 잇지 못하는 장 할아버지의 손등을 박사님이 남은 한 손으로 따뜻하게 감싸 쥐셨다.

"퇴원을 하셔도 솔직히 마음이 가볍지만은 않군요. 이렇게 서둘러 퇴원하실 것까진 없는데. 불편한 데 없더라도 가끔 얼굴 보며 지냈으면 좋겠어요. 비 오고 일감 없고 밥하기 싫고 그런 날……."

장 할아버지의 손등을 두어 번 도닥여 주고 돌아선 박사님은 곧장 병실 문턱을 넘지 못하고 다시 걸음을 멈추셨다.

"참, 왼쪽 옆구리 가끔 결린다고 하시던 건 어떠세요?"

돌아보며 묻는 박사님을 향해 장 할아버지가 두 눈에 눈물이 가득한 얼굴로 손을 흔들며 활짝 웃어 보였다.

"이젠 하나도 아프지 않아요! 정말 하나도 안 아파요!"

복도를 걸으며 아무도 말이 없었다.

우리는 원장실에 들러 차를 한 잔씩 마시기로 했다.

박사님 살림살이를 좀 아는 내가 녹차 석 잔을 준비했다.

"저 양반이 처음 응급실로 실려 왔을 때 내 심정을 어떻게 말로 표현할 수 있을까."

이욱고 박사님께서 긴 한숨을 내쉬며 침묵을 거두셨다.

"돈도 없고 보살펴 줄 가족도 없이 만신창이가 된 몸으로 내 앞에 누워 있는 한 인간…… 이미 부상의 고통을 감당할 기력조차 없는 노약한 몸으로 병원비가 걱정되어 마음 놓고 아프다는 말도 하지 못하는 가련한 한 생명……."

종호와 나는 묵묵히 귀를 기울였다.

"그 순간 나는 이 넓은 세상에서 그를 도울 수 있는 유일한 의사이자 유일한 인간이었지."

"……."

"……."

"그 순간 그에게 필요한 건 다른 누구도 아닌, 나라는 한 인간의 도움의 손길이었어."

박사님은 차를 한 모금 마시고 나서 말씀을 이으셨다.

"바로 그런 순간을 통해 하나로 맺어질 때 인간은 서로를 구원할 수 있지. 내가 그를 구원하는 순간에 그도 나를 구원하는 거야. 아무리 보잘것없는 개인적 활동이라 하더라도 그것을 통해 인간을 필요로 하는 인간에게 인간이 되어 줄 기회를 포착할 때 인간은 비로소 구제될 수 있어."

우리는 고개를 끄덕였다.

박사님의 말씀이 이어졌다.

"중요한 건 한 사람이야. 인간을 필요로 하는 인간에게 인간이 되어 줄 것을 결심한 단 한 사람."

우리는 눈도 깜빡 않고 박사님의 입을 주시했다.

"바로 그 한 사람 한 사람이 저마다 자기가 떨어진 자리에서 싹을 틔우고 꽃을 피우는 것…… 세상에 온갖 금은보화가 널려 있어도 인간을 부끄럽지 않게 만들어 주는 건 바로 그 꽃 한 송이지."

그 순간 종호와 내 마음속에서는 활화산 같은 의욕이 불끈 솟구치고 있었을 것이다.

(나도 그 한! 사! 람!이 되자!)

"아프리카에 있으면서 나는……."

박사님은 다시 차를 한 모금 마시고 잔을 내려놓으셨다.

"인간이 고통이라는 이름을 가진 주인의 폭력에 예속된 가련한 존재라는 사실을 뼈저리게 실감했다네. 그곳에선 날마다 수천 명의 사람이 약간의 의술만 있으면 제거할 수 있는 온갖 고통에 괴로워하고 있었어. 더러는 알약 하나, 주사 한 대로 간단히 쫓을 수 있는 질병이 날마다 수많은 오두막 속에서 그들을 지배하고 있었지."

나는 원주민들의 오두막을 머릿속에 그려 보았다. 유니세프 광고 같은 데 나오는 눈만 퀭한 아이들이 눈물마저 말라붙은 얼굴로 엄마 품에 멍하니 안겨 있는 모습도 떠올랐다.

"나는 아프리카의 비참한 현실을 유럽에 보고하면서, 그런 고통으로부터 그들을 구제할 능력이 있는 의사들이 아프리카의 참상을 외면하지 말 것을 호소하곤 했다네. 한 사람의 의사를 이곳으로, 다른 한 사람을 저곳으로 보낸다고 해서 세계의 참상이 어떻게 되겠는가, 라고 말하지 말 것을. 이곳에선 단 한 사람의 의사도 수많은 사람에게 큰 의미가 될 수 있다는 것을."

우리와 말장난을 할 때와는 딴판으로 진지하게 열변을 토하시는 박사님의 모습은 과연 '아프리카의 등불'다웠다.

"나는 내 경험에 비추어 그들에게 자신 있게 말할 수 있었네. 고통과 절망 속에서 신음하는 이 가엾은 인류를 돕고자 자신의 세계를 기꺼이 떠나올 수 있는 인간이라면 그는 자신의 선행 속에서 자신이 포기한 것에 대한 풍성한 보상을 찾아낼 거라고 말일세."

박사님은 당신이 한 말을 되새김질하듯 천천히 고개를 끄덕이며 말씀을 이으셨다.

"그 말에는 조금의 과장도 수식도 섞여 있지 않았어. 일찍이 아프리카로 떠날 것을 결심하면서 나 역시 세 가지 희생을 각오했거든. 대학 교직을 버리고, 사랑했던 파이프 오르간을 단념하고, 경제적 독립을 상실함으로써 앞으로의 생활을 친구들의 도움에 의존할 수밖에 없는 상황을 받아들일 각오 말이야. 나에게 그것이 얼마나 힘든 일이었는지는 나의 가장 가까운 몇몇 친구들만이 알고 있었지."

"……"

"……"

"하지만 아프리카의 형제들에게 내가 행한 일이 나에게 되돌려 준 것은 그 이상이었네. 인간을 필요로 하는 인간에게 인간이 되어 줄 기회를 포착함으로써 비로소 인간은 구원될 수 있다, 그 말은 틀림없는 진리였어. 차들 들게."

박사님이 말을 멈추고 우리를 건너다보셨다.

종호와 나는 잔을 들어 차를 한 모금씩 마셨다.

"저어…… 박사님."

종호가 잔을 내려놓으며 한 손을 들었다.

박사님의 시선이 종호를 향했다.

"말하게나."

"그런 인간이 되려면…… 의사가 아니면 안 되겠죠?"

진지하던 박사님의 얼굴에 웃음기가 번졌다.

"미안! 미안하이!"

박사님이 미소 띤 얼굴로 종호와 나를 번갈아 쳐다보셨다.

"내 직업을 예로 들다 보니 이야기에 오해의 소지가 있었나 보네. 물론 의사가 아니어도 상관없고말고. 도움을 필요로 하는 인간에게 도움이 되어 준다는 건 신분이나 직업, 학벌이나 경제력의 문제가 아니라 마음의 문제라네."

박사님은 기억을 더듬어 오래전 박사님 자신이 겪었던 짤막한 에피소드 하나를 들려주셨다.

"제1차 세계 대전이 발발했을 당시 나는 아프리카에 머물고 있었지만, 전쟁을 일으킨 독일 국민으로서 포로 신분으로 유럽으로 송환되게 되었다네. 아내와 함께 두어 군데 수용소를 전전하다 교환포로로 석방되어 마침내 고향에 돌아가게 되었는데, 기차가 도착할 때까지 우리 포로들에게는 역에서 멀리 떨어진 헛간으로 가서 대기하라는 지시가 내려졌지."

종호와 나는 다시 눈을 빛내며 이야기에 집중했다.

"7월 중순의 찌는 듯한 날이었어. 지금도 기억이 생생하구먼. 그런 기억이란 쉬 잊히지 않는 법이니까. 나는 양손에 짐을 잔뜩 들고 어깨에도 메고 지고 선로 사이의 자갈길을 힘겹게 걸어가고 있었다네. 수용소를 전전하면서도 끌고 다니던 약품이며 기기 같은 게 상당했으니까. 그때……."

말을 멈추고 한숨 돌리신 다음 박사님은 다시 이야기를 이어가셨다.

"수용소에서 내가 치료해 준 적이 있는 젊은이 하나가 다가오더니 우리 짐을 나눠 들어 주겠다는 거야. 그는 가진 것이 아무것도 없었기 때문에 빈손이었지. 비록 한 손으로 목발을 짚고 있기는 했지만……."

"목발이요?"

"전쟁통에 다리 하나를 잃었다더군. 가련한 친구……."

"그에게 짐을 맡기셨어요?"

"그랬다네. 그의 선의에 감동해서…… 도움을 받아들이지 않을 수 없었지. 그리고 타는 듯한 햇볕 속을 그와 나란히 걸어가면서 나는 마음속으로 맹세했다네. 앞으로 이 사람을 생각해서라도, 어느 정거장에서나 무거운 짐을 든 사람을 보면 지나치지 말고 도움을 주도록 해야겠다고 말이야."

"그리고 평생 그 맹세대로 해 오셨겠죠?"

종호가 장난스럽게 물었다.

박사님은 빙긋 웃음 짓는 것으로 대답을 대신하고는 결론짓듯 말씀하셨다.

"그렇듯 누군가를 도와준다는 것은 내가 무엇을 가졌는지, 어떤 지위에 있는지와는 전혀 무관한 일이라네. 나를 도와주었던 그 사람은 말 그대로 빈손이었고, 다른 사람에 비해 다리 하나가 부족하기까지 했지. 그럼에도 불구하고 그는 정말 필요한 순간에 내가 가장 필요로 했던 것을 내게 주었을 뿐만 아니라, 덤으로 인간의 선의에 대한 믿음을 다시 한 번 확인하는 기쁨을 나에게 안겨 주었다네."

"인간의 선의에 대한 믿음이요?"

종호가 복습하듯 되풀이했다.

"그렇다네. 내 장담하네만, 그 뒤로도 그는 살아가면서 자신의 힘으로 뭔가 도움을 줄 수 있는 사람이 눈에 띄면 내게 그랬던 것처럼 선뜻 손을 내밀어 그 사람의 짐을 나눠 들기를 망설이지 않았을 거야. 그리고 뜻하지 않은 순간에 뜻하지 않게 그의 도움을 받았던 사람들은 그의 마음을 가슴 깊이 간직한 채 그 순간의 감동을 또 다른 수많은 사람과 나누며 살아가고 있겠지. '한 사람'의 힘이란 바로 그런 것일세. 내 얘기가 좀 길었나?"

종호와 나는 유치원생들처럼 도리질을 했다.

"아니요!"

"전혀요!"

박사님이 흐뭇한 표정을 지으셨다.

"좋아! 좋아! 늙은이들이란 한번 마이크를 잡았다 하면 3절이 끝나기 전에는 무대에서 내려오지 않으려는 경향이 있지. 그렇더라도 범절을 아는 젊은이는 지루함을 내색하지 않는 법이야. 늙으면 시간이라는 것이 화살처럼 빨라져서 딴에는 염치를 차린다고 하는데도 본의 아니게 그런 현상이 생기는 것이거든."

변명이라면 하실 필요 없었다. 박사님 말씀은 우리에게 늘 피가 되고 살이 되는 바 있으니까. 박사님이 변명조로 진지하게 '썰'을 푸시는 모습이야 언제나 귀엽고(!) 재미있긴 하지만 말이다.

어쨌거나 장 할아버지 일로 다소 어둡던 박사님의 표정이 다시 밝아진 건 다행이었다.

“저 소인국 친구들이 이사를 끝냈는지 슬슬 나가 볼까?”

자리를 털고 일어나시는가 싶더니, 박사님은 벌써 태풍처럼 원장실을 나서고 있었다. 종호와 나도 총총히 박사님의 뒤를 따랐다.

우리의 태풍 사부님은 정말 동작이 빠르시다(사부님이야 우리를 마당쇠로 여기시건 말건, 우리는 사부님을 사부님으로 모시기로 작정한 바 있다). 그러니 늙은이 운운은 필요할 때만 편리하게 써먹는 사부님의 단골 핑계거리에 불과한 셈이다. 그나마 초식을 전수하실 땐 어미 새가 새끼를 먹이듯 한 입씩 꼭꼭 씹어 입에 넣어 주시니 천만다행이지만.

어쨌든 오늘도 우리는 사부님께 한 수 배웠다.

세상을 아름답게 만드는 건 지위나 학벌이 아니라 제자리에서 힘껏 제 꽃을 피우는 작은 꽃 한 송이라는 사실!

2.

종호와 만나 병원으로 가는 길에 붕어빵을 샀다. 코리아에 와서 발견한 지구상에서 가장 환상적인 군것질거리 운운하며, 박사님으로 하여금 은근슬쩍 종호와 나를 압박하여 우리의 얄팍한 주머니를 털게 만드는 주범이다.

일요일 오후는 한 주일 중 박사님이 가장 한가하신 시간이었다. 응급 환자만 없으면 일요일 하루는 당직 의사가 대부분의 병원 일을 알아서 돌보기 때문이었다.

일주일에 단 하루만이라도 휴식을 취하셔야 한다는 병원 식구들의 성화에 박사님은 사람을 뒷방 늙은이 취급한다고 불평하셨다. 그러나 병원 안팎의 밀린 허드렛일을 '처치'해 버리기 좋고, 샘과 조랑 놀아 주거나 책을 읽거나, 파이프 오르간 대신으로 친구들이 보내 준 풍금을 치며 보내기에 그만인 이 하루의 휴식을 이제는 박사님도 자못 즐기시는 눈치였다.

“실은 내가 공부나 병원 일보다는 노는 데 일가견이 있는 사람이거든.”

언젠가 닭들에게 먹일 지렁이도 구할 겸 나와 호숫가를 거니시다가 무슨 말끝엔가 눈을 찡긋해 보이며 하시던 말씀이었다.

우리가 방문했을 때 박사님은 거실에서 혼자 텔레비전을 시청하고 계시던 중이었다.

“레나 아주머니는요?”

“내가 뉴스 채널을 켜 놓고 있으니까 환자들한테 올라가 버렸다네. 여자들은 뉴스보다 드라마를 좋아하는 경향이 있는 것 같아.”

“다분히 성차별적인 뉘앙스가 느껴지는 발언이신데요? 평소 박사님의 지론과는 상당히 거리가 있는 말씀이신 것 같은데.”

내가 딴죽을 걸자 박사님은 지체 없이 반론을 전개하셨다.

“차별이 아니야. 남성 일반이 사실 자체로서의 뉴스에 관심을 갖는 데 비해 사실 자체보다는 그것들 사이의 관계성, 예컨대 드라마가 다루는 인간관계의 복잡다기한 국면들에 각별한 흥미를 느끼는 여성 일반의 감성 체계가 그렇다는 얘길세. 예외적인 여성들, 물론 예외적인 남성들도 얼마든지 있을 수 있겠지.”

텔레비전에서는 최근 온 세계의 이목이 집중되고 있는 시리아 사태 관련 뉴스가 보도되고 있었다.

"…… 지난 21일 시리아 수도 다마스쿠스 부근에서 화학 무기 공격으로 수백 명이 목숨을 잃은 것으로 전해지면서 시리아 사태는 완전히 새로운 국면을 맞게 될 것으로 보입니다. 구호 활동가들에 의하면 다마스쿠스 교외 구타 지역에 위치한 몇몇 마을에 새벽 3시쯤 화학무기가 실려 있는 로켓이 날아들었다고 하는데, 희생자는 대부분 아이와 여성들이었다고 CNN방송 등은 전하고 있습니다. 이번 사건이 정부군의 소행이라는 주장에 대해 시리아 정부는 국영 방송을 통해 전혀 근거 없는 소리라고 일축하면서 반대로 반정부군이 화학 무기를 쓰고 있다고 주장하고 있습니다. 시리아 내전이 발발한 지 2년 반을 넘어서고 사망자는 10만 명을 웃돌지만, 국제 사회의 대응은 미온적이었습니다. 이스라엘, 요르단, 터키, 이라크 등과 접경하고 있는 지정학적 복잡성과……."

앵커의 해설이 계속되는 동안 내전으로 황폐해진 마을 풍경과 거리 곳곳에 널린 주검들을 찍은 자료 화면이 이어졌다. 마침 요제프가 거실로 들어서다가 화면 속에서 죽은 아이를 안고 울부짖는 시리아 여인을 보고 이맛살을 찌푸렸다.

"또 전쟁이 일어났나뷰?"

"전쟁이야 언제나 일어나고 있지. 어제 네가 나를 쳤으니 오늘은 내가 너를 때려 줘야겠다. 내일은 다시 네가, 모레는 또 내가…… 그렇게 전쟁은 언제까지고 계속되고 있다네."

“부족들이 모여서 담판을 지어야쥬. 몇 날 몇 시를 정해 그 시간에 맞춰서 딱 싸움을 접자구유. 그러구선 각자 돌아서서 집으로 가는 거여유. 그러믄 공평허구 간단허니 끝날 일을 어째 담판을 짓지 않는대유?”

“담판 역시 언제나 이루어지고 있다네. 하지만 담판 따로, 전쟁 따로가 요즘 사람들 방식이거든. 담판은 담판대로 계속하고 전쟁은 전쟁대로 계속하는 것이지.”

“모르겄슈. 당최 모르겄슈. 이누무 시상을 아주 끝장을 보구 말자는 작정이 아니구서야…….”

고개를 내두르며 땅이 꺼져라 한숨을 토하던 요제프는 문득 생각났다는 듯 레나 아주머니의 돋보기를 찾았다.

“도가니 접지른 박 영감 좀 들여다보고 내려오는 길에 복도에서 레나 부인을 만났는디, 1층 가는 길임 집에 들러 이걸 좀 가져다 달래서유. 이바구 좋아허는 고물상 할마씨가 또 책 읽어 달라구 조르는가뷰.”

요제프가 돋보기를 챙겨 돌아간 뒤에야 붕어빵에 생각이 미쳤다.

(요제프도 붕어빵을 좋아하는데, 이런 정신!)

하지만 우울한 뉴스 때문에 그걸 꺼내 놓을 틈이 없기도 했다.

박사님 표정도 가라앉아 있었고.

이제 뉴스는 날씨 소식으로 이어지고 있었다.

"다음 한 주는 전국이 고기압권에 든 가운데 맑은 날씨가 이어지겠습니다. 지난주 내린 비로 그동안 기승을 부리던 폭염이 한풀 꺾여 야외 활동을 하기에도 별 어려움이 없을 것 같습니다."

배경으로 깔리고 있는 시원한 계곡에서 물놀이를 즐기는 가족들의 모습이 평화로워 보였다.

박사님이 리모컨을 들어 텔레비전을 끄면서 울적한 목소리로 중얼거리셨다.

"자신들이 평화요 행복이라고 믿고 있는 지금 이 순간이 얼마나 허약한 것인지 저들은 알까? 리모컨으로 텔레비전을 끄는 것처럼 누군가 한순간에 저 평화와 행복을 파괴할 수도 있다는 사실을 생각해 본 적이 있을까?"

방 안의 공기가 묵직하게 느껴졌다.

나는 일어나 반쯤 열려 있던 창문을 활짝 열어 두고 자리로 돌아왔다.

"요제프 할아버지 말씀처럼 준비, 땅! 해서 세상 사람들이 동시에 싸우기를 멈추는 일 같은 건 기대하기 어렵겠죠?"

뭔가 말을 해야겠다는 조바심으로 내 머릿속에서 끄집어낸 말은 이런 정도였다.

"어렵다고 봐야지. 어려운 정도가 아니라 불가능하지. 바로 그래서……."

"한 사람의 힘이 중요하다는 거죠!"

종호가 또 적시타를 날렸다.

녀석의 타율이 날로 높아지고 있었다.

"그렇다네. 조금 전에도 말했다시피, 네가 날 쳤으니 나도 널 때려야겠다. 네가 내 것을 빼앗았으니 나도 네 것을 먹어야겠다. 그뿐이 아니지. 난 한 번 쳤는데 넌 왜 두 번 치냐. 난 한 개를 먹었는데 넌 어째서 두 개를 가져가냐……."

"악순환이죠."

"그렇지. 폭력이 폭력을 부르고 욕심이 욕심을 불러서 크고 작은 싸움이 꼬리에 꼬리를 물고 이어지는 것이지. 참으로 절망적인 비전이 아닌가. 한 사람이란 그 암울한 전망 멀리에서 깜박이는 한 점 불빛 같은 존재가 아닐까."

우리는 고개를 끄덕였다.

박사님의 말씀이 이어졌다.

"생명의 소중함을 깨닫고, 사랑의 힘으로 이 절망의 수레바퀴를 거꾸로 돌리기로 마음먹은 한 사람…… 그의 힘으로 세상을 바꾸기란 너무도 요원하여 일견 비현실적으로 보이지만, 오늘날 인류에게 남은 유일한 희망은 그 한 사람인 것 같아. 다른 길이 보이지 않는걸."

거대한 수레바퀴를 밀고 가는 개미처럼 조그만 인간의 모습이 머릿속에 떠올랐다. 어려운 얘기를 쉬운 그림으로 그려 보여 주는 박사님의 재주는 언제나 놀라운 바 있었다. 여러모로 절정고수라 일컬어 마땅할 우리의 사부님이었다.

인류의 미래를 전망하듯 창밖의 먼 하늘로 시선을 옮기면서 박사님이 다시 입을 여셨다.

"아무리 멀고 아득하더라도 지금으로서는 그 한 사람을 믿어 보는 수밖에 없어. 그를 시발점으로 하나의 선순환이 시작되고, 한 사람, 또 한 사람……."

"또 한 사람, 또 한 사람, 또 한 사람……."

박사님의 기분을 추어 드릴 요량으로 내가 좀 오글거린다 싶은 추임새를 중얼거려 보는데, 종호가 이때다 하고 숟가락을 얹었다.

"슈바이처, 박종호, 원대한, 기타 등등."

"장난칠 얘기가 아닐세."

박사님이 짐짓 정색을 하고 종호를 건너다보셨다.

"장난 아닌데요."

"대한이 정도면 모를까, 자네와 기타 등등이까지 나와 맞먹자고 드는 태도는 용납할 수 없네."

푸웃!

다행이었다. 박사님의 눈동자에 장난기가 되살아났으니.

"섭섭한 말씀이세요. 박사님이 모르셔서 그렇지 원래는 얘가 제 꼬붕이었다고요."

종호가 볼멘소리를 했다.

박사님이 쯧쯧 혀를 차셨다.

"이제껏 헛가르쳤구먼! 헛가르쳤어! 아직도 그딴 소리를 입에 담는 걸 보니 마당쇠로나마 써 볼까 하던 계획을 재고해 봐야겠네."

"에이, 박사님. 왜 또 그러세요. 지금도 그렇다는 게 아니라 원래는 그랬다고요, 원래는!"

종호가 애써 변명했지만 박사님은 고개를 절레절레 내두를 뿐이었다. 종호 녀석, 이럴 때 보면 정말 순진하긴 순진한 것 같다.

약올라 하는 종호를 두고 박사님이 자리에서 일어나셨다.

"잠깐 몸무게 좀 줄이고 옴세."

"암튼, 마당 쓰는 일이라면 제가 얘보다 나을 걸요!"

종호가 박사님의 등에 대고 소리쳤다.

나는 피식 웃으며 테이블 구석에 놓여 있던 책을 끌어당겨 무심히 뒤적여 보았다. 《나는 왜 너가 아니고 나인가》라는 긴 제목을 가진, 베개처럼 두툼한 책이었다.

화장실에서 돌아오신 박사님이 자리에 앉으며 말씀하셨다.

"참! 그 책 한번 가져가 읽어 보게. 내가 계속 얘기해 온 것들과 관련해서 느껴지는 게 있을 게야."

말씀과 동시에 종호의 손이 뻗어 왔다.

"저도 읽을래요!"

나는 반사적으로 책을 꽉 움켜잡았다.

이번에도 선수를 당할 수는 없다.

“야아!”

종호가 눈으로 나를 윽박지르며 책을 끌어당겼다.

“뭐어!”

나도 힘껏 버티며 종호의 눈을 마주 노려보았다.

박사님이 다시 혀를 끌끌 차셨다.

마당쇠들 노는 꼴이 한심해서 못 봐주겠다는 표정이었다.

누가 먼저 읽을지 가위 바위 보로 정하자고 종호가 제안했다. 책을 먼저 발견한 건 나니까 종호의 제안을 무시해도 좋았지만, 하도 부득부득 우기는 바람에 하는 수 없이 가위바위보를 하게 되었다. 첫 판을 내가 이기자 종호는 삼세판을 해야 한다고 떼를 썼고, 삼판 삼승 전승으로 책은 결국 내 차지가 되었다.

“빨리 읽어!”

마지못해 책에서 손을 떼면서 종호가 으르렁댔다.

“내 맘이야.”

나도 맞받아쳤다.

“코만 맞대면 아웅다웅이니 마당은 언제 쓸꼬.”

웃음기를 머금은 박사님의 밝은 잿빛 눈동자가 문득 책 옆에 놓여 있던 종이봉투를 향했다.

"저건 뭔가?"

"?……!"

"?……!"

종호와 나의 시선이 공중에서 맞부딪쳤다.

출연 타이밍을 잡지 못한 채 덧없이 식어 버린 가련한 붕어빵 한 봉지!

박사님의 얼굴 가득 애석해하는 기색이 떠올랐다. 시큰둥한 표정으로 봉지를 향해 손을 뻗으며 박사님이 우리를 나무라듯 투덜대셨다.

"쇠는 뜨거울 때 두드리고 붕어빵은 따끈따끈할 때 먹어야 제맛이거늘, 쯧쯧!"

3.

그 땅의 본래 이름은 '거북이 땅'이었다. 옛날 그곳에서는 자연을 사랑하고 생명을 신성하게 여기는 얼굴 붉은 사람들이 평원이나 물가에 무리를 이루어 평화롭게 살아가고 있었다.

배가 고프면 나무 열매를 따 먹거나 물고기를 잡으러 나섰지만, 그들은 나무에게서 열매를 취하고 물고기로부터 살아 있는 즐거움을 거두는 일을 당연하게 여기지 않았다. 어머니 대지에게서 태어난 모든 생명은 형제라고 믿었기에 그들은 자신이 살기 위해 형제의 목숨을 빼앗는 일을 미안하게 생각했으며, 생명을 유지하는 데 필요한 최소한의 먹을거리 이외에는 어떤 것도 자연으로부터 함부로 취하지 않았다. 지팡이가 필요해도 먼저 나무 형제에게 양해를 구하고, 부득이 형제를 아프게 한 것을 진심으로 사과한 다음에야 비로소 가지 하나를 자르던 사람들, 인디언은 그런 마음을 가진 사람들이었다.

그러던 어느 날, 배를 타고 바다를 건너온 얼굴 흰 사람들이 그들이 수천 년 전부터 그렇게 살아온 조상들의 땅을 '발견'해서는 그 땅에 아메리카라는 이름을 붙이고 자기들이 '신대륙' 아메리카의 주인임을 선언했다.

수우, 체로키, 아파치 등의 이름을 가지고 있던 그들 얼굴 붉은 사람들은 졸지에 '아메리카 인디언'으로 뭉뚱그려져서 자신들이 살던 광활한 땅을 백인들에게 내주고 '인디언 보호구역'에 수용되는 신세가 되었다.

피 끓는 청년 전사들이 창을 들고 일어났다. 젊은이들을 달래며 평화로운 해결책을 찾아 백인들과의 협상에 나섰던 각 부족의 추장들도 속았다는 걸 알고는 분연히 창 자루를 잡았다. 백인들의 '막대기'가 불을 뿜었고 청년들이 쓰러졌다. 추장들도 쓰러졌다. 평화롭던 계곡과 평원이 전사들의 주검으로 뒤덮였다.

잔인한 사냥꾼들은 총질을 멈추지 않았다. 어린아이들을 지키며 뒤에 남았던 노인과 여인네들도 무사할 수 없었다. 총성은 끝까지 살아남아 부족의 존엄을 지키려던 몇몇 용맹스런 전사들이 막다른 골짜기로 쫓긴 사슴들처럼 가슴에 총탄을 맞고 어머니 대지의 품에 마지막 뜨거운 피를 쏟아 내고서야 간신히 멈추어졌으며, 신대륙 아메리카는 그 땅에 살던 사람들이 그때까지 전혀 존재하지 않았던 것처럼 자기들만의 새로운 역사를 써 나가기 시작했다……[1]

나는 아메리카 인디언들이 그렇게 슬픈 역사를 간직하고 있는 줄 몰랐었다. 박사님께 빌려 온 《나는 왜 너가 아니고 나인가》를 읽는 내내 나는 가슴이 아파서 몇 번이나 책을 덮어야만 했다.

인디언 추장들의 연설집인 그 책은 박사님이 강조하셨던 윤리적 세계 긍정과 인생 긍정으로 충만한 인디언의 영혼을 잘 보여 주고 있었다. 인디언의 삶 속에서 너와 나는 둘이 아닌 하나였으며, 하늘과 땅과 인간과 동물과 식물은 모두 하나로 연결되어 있었다. 나는 살려고 하는 생명에 둘러싸인 살려고 하는 생명이라는 생각이, 생각이 아닌 삶 자체로서 그들 삶의 매 순간에 녹아 있었다.

생명에의 외경으로 가득한 인디언의 고결한 삶과 영혼에 대비되어 그들의 생명 의지를 파괴하는 백인들의 탐욕과 잔인함은 더욱 추악하게 다가왔다. 책을 읽는 내내 나는 슬프면서 동시에 부끄러웠다. 인간인 게 부끄러웠고, 나 자신이 부끄러웠다.

전설적인 용맹도 부질없이 백인들의 총탄 앞에 한갓 가련한 사냥감으로 쓰러져간 그들의 최후 못지않게 나를 슬프게 한 것은, 그들이 저항하지 않고 순순히 보호구역으로 걸어 들어갔더라도 그들 종족은 어차피 사라지게 될 운명이었으며, 이제 와서 미국이라는 초강대국을 상대로 독립을 쟁취하고 주권을 되찾을 가능성 또한 전혀 없다는 사실이었다. 판다나 수달이 그렇듯 그들은 이 지구상에서 멸종

되어 가고 있는 족속이었다.

그 슬픈 역사의 마지막 벌판에서 추장들이 연설을 하고 있었다. 바람에 흩날리는 긴 백발 속의 얼굴은 고목 껍질처럼 거칠었지만, 형언할 길 없는 슬픔을 담은 그들의 두 눈은 깊은 지혜로 빛나고 있었다.

…… 한 가지 묻고 싶은 것이 있다. 당신들은 그저 땅을 파헤치고, 건물을 세우고, 나무를 쓰러뜨린다. 그래서 행복한가? 연어 떼를 바라보며 다가올 겨울을 짐작하는 우리만큼 행복한가?

…… 당신들의 도시에서 들려오는 소음은 귀를 욕되게 할 뿐이다. 인디언은 물웅덩이 수면으로 내리꽂히는 바람의 부드러운 소리를 좋아한다. 한낮에 내린 비에 씻긴 바람 그 자체의 냄새를 좋아한다.

…… 죽은 지 며칠이 지난 사람처럼 당신들의 도시에 사는 사람들은 악취에도 아무런 반응이 없다. 이런 식으로 자신의 잠자리를 계속 파헤치고 더럽힌다면, 어느 날인가 당신들은 스스로의 폐허에서 숨이 막혀 깨어날 것이다. 들소는 모두 죽임을 당하고, 야생마들은 모두 길들여지고, 숲의 은밀한 구석까지 사람들의 냄새로 가득하다. 그리고 산마다 목소리를 전하는 전선줄이 어지럽게 드리워져 있다. 덤불숲은 어디에 있는가? 없어져 버렸다. 독수

리는 어디에 있는가? 사라져 버렸다.

…… 당신들이 온 이후로 모든 것이 사라졌다. 그러니 사냥이니 날쌘 동작이니 하는 것에 대해 굳이 작별을 고할 이유가 무엇인가? 이제 삶은 끝났고 '살아남는 일'만이 시작되었다. 이 넓은 대지와 하늘은 삶을 살 때는 더없이 풍요로웠지만 '살아남는 일'에는 더없이 막막한 곳일 따름이다.

…… 어쩌면 또 한 번의 행복한 겨울은 짐작에 그칠 뿐, 나의 부족에게 다시는 찾아오지 않을 꿈일지도 모른다. 우리는 당신들 얼굴 흰 사람들에게 밀려, 살아남기 위해 막막한 겨울 들판으로 뿔뿔이 흩어져야 할지도 모른다. 그러니 오늘 우리의 눈으로 직접 본 연어 떼의 반짝이는 춤을 나의 부족은 잊지 못할 것이다.

시애틀 추장[2]

그들은 용맹한 전사이면서 동시에 위대한 자연의 시인들이었다. 바람과 비와 사슴과 숲을 이야기하는 그들의 목소리는 빗소리 바람 소리처럼 자연스러웠다. 파괴와 건설만을 능사로 아는 백인들에게 그들은 그 결과로서 닥칠 재앙에 대해 경고하고 있었다. 저 깊은 골짜기에 사는 한 마리 물고기가 죽으면 다음에는 인간이 죽을 차례가 온다고 했던가. 오늘날 환경 파괴와 그로 인해 지구촌 곳곳에서 일어나고 있는 대재난들이 그것을 입증하고 있었다.

…… 9월이 시작되기 전에 나는 읽기를 마쳤다. 한 번 더 읽어 보고 싶었지만 종호가 읽은 다음으로 미루기로 했다.

내가 지금까지 읽은 책 중에서는 가장 두꺼운 책이었다. 내가 충분히 이해하지 못한 부분도 없진 않겠지만, 최소한 책 두께만큼은 나 자신이 자란 것 같았다.

8월도 마지막 날이었다.

오늘 서울에서 이모할머니 손녀딸 결혼식이 있어서 하룻밤 주무시고 올 요량으로 할머니가 어제 서울에 가셨기 때문에, 나는 혼자 느지막한 '브런치'를 차려 먹고 외출 채비를 했다. 잠깐 들를 데가 있다는 종호와 직접 병원에서 만나 책을 주기로 약속했던 것이다.

현관을 나서는데 B02호 문이 열리더니 아주머니가 편지봉투 하나를 들고 나오셨다.

"우체부가 실수로 우리 집 우편함에 꽂아 놨나 봐. 우리 건 줄 알고 가지고 들어갔는데 어제 전해 준다는 게 깜빡했네."

봉투에는 발신인 주소가 적혀 있지 않았다.

나는 왠지 가슴이 철렁해서, 봉투를 얼른 주머니에 집어넣었다.

버스 뒷좌석에 앉아 다시 봉투를 꺼내 보았다.

수신인란에 우리 집 주소와 내 이름이 적혀 있었다.

동글동글하고 아담한 필체의 손글씨였다.

글씨를 들여다보고 있으려니 왠지 자꾸만 가슴이 쿵쾅거렸다.

나는 버스가 종점에 닿도록 봉투를 만지작거리다가, 끝내 뜯지 못하고 다시 주머니에 집어넣고 말았다.

"여어, 대한! 바람이 좋지? 공기 중에 벌써 가을 냄새가 나는 것 같지 않나?"

박사님이 병원 뜰에서 해바라기를 하고 계시다가 나를 보자 손을 흔들며 반색을 하셨다. 오늘은 별로 궂은 볼일이 없으신지 박사님은 하얀 가운에 근엄하게 청진기를 늘어뜨린 모습이었다.

"분량이 만만찮은데 그새 다 읽었나 보군. 그래, 뭐 좀 느껴지는 게 있던가?"

내가 책을 들고 있는 걸 보고 박사님이 물으셨다.

나는 편지 때문에 어수선했던 마음을 진정하고 박사님께 간단한 독후감을 말씀드렸다. 책을 읽는 내내 많이 슬프고 안타까웠으며, 생명과 자연과 그것들 사이의 관계에 대해 다시 한 번 깊이 생각해 보게 되었노라고.

"지난번 박사님이 해 주신 말씀들을 복습하는 것 같았어요. 자연과 생명을 파괴하는 일이 얼마나 몹쓸 짓인지 다시 한 번 깨달았어요."

"제대로 읽었군. 하지만 더 많은 얘기는 잠시 미뤘다가 다시 하기로 하세. 우리끼리 예서 더 진도를 나갔다가는 저 시샘 많은 수다꾼

한테 또 무슨 지청구를 들을지 모르니."

박사님이 웃으며 말씀하셨다. 무슨 말인가 했더니 지난번 책을 빌려 가던 날, 내가 화장실에 간 사이에 종호가 박사님께 약속을 '강요'했다는 거였다. 저까지 책을 다 읽기 전에는 나와 따로 책에 관한 얘기를 하지 말 것이며, 우리 둘 모두 읽기를 마친 다음에 따로 날을 잡아서 다시 한 번 본격적으로 '수다'를 떨어 보자고 말이다. 참 못 말릴 인간이었다.

박사님과 종호 얘기를 하며 웃고 있는데 현관에서 누군가를 배웅하던 요제프가 우리를 발견하고 다가왔다.

"같이 댕기던 총각헌티서 전화왔던디……."

나를 보고 하는 말이었다.

"그래요? 뭐라고요?"

"볼일이 늦어져서 오후 늦게나 오겄다구, 박사님허구 놀고 있으라구."

"네에, 감사합니다."

중요한 업무를 유능하게 처리해서 만족스럽다는 듯 목에 힘을 주고 멀어져 가는 요제프의 뒷모습을 쳐다보며 박사님이 혀를 끌끌 차셨다.

"도대체 휴대폰 같은 게 뭐 필요하다고……."

"종호가 어느새 요제프 할아버지의 전화번호를 땄나 보네요?"

내가 웃자 박사님도 실소를 머금으셨다.

"그러게. 동족이라고 통하는 게 있나 보지."

병원으로 들어오고 나가는 사람들이 박사님께 인사를 했다. 일일이 따뜻하게 안부를 주고받으며 환자 상태를 묻기도 하던 박사님이 나를 돌아보고 물으셨다.

"오늘은 예서 만나기로 했던가?"

"네."

"그런데 늦어진다는 말이로구먼. 그렇다면 우리 비휴대폰족끼리 모처럼 오붓한 시간을 가져 보는 건 어때?"

"바쁘지 않으세요?"

"자네들 올 줄 알고 급한 일은 오전에 미리 다 처리했지. 아무래도 내가 자네들하고 노닥거리는 데 중독이 된 게야."

"박사님은 괜찮지만 저는 신경이 쓰이는 걸요. 와서 병원 일은 거들지 않고 박사님 시간만 뺏는다고 식구들이 뭐라겠어요?"

"쉿! 병원 식구들은 우리가 노는 줄 몰라. 내가 늘 바쁜 척하니까 우리가 만나서 꽤나 중요한 일을 하는 줄 안다고."

검지를 입에 갖다 대며 좌우를 살피는 박사님의 표정이 우스꽝스러웠다.

"일단 가운과 책은 안에 갖다 놓고……."

병동 쪽으로 걸음을 옮기며 박사님이 나를 돌아보셨다.

"가을이 어디쯤 왔나 보러 갈까?"

"에이, 아직 한여름인 걸요."

"자네가 틀렸어! 입추가 지났으니 이미 가을이 길을 떠났을 거라고."

박사님이 가을을 만나러 가 보자는 곳은 내가 처음 박사님을 만났던 호숫가였다.

뒤꼍에 마련한 샘과 조의 우리를 지나면 곧장 호수로 통하는 쪽문이 나타났다. 쪽문 밖은 우거진 덤불숲이었고, 덤불 사이로 야트막한 등성이를 넘어가는 오솔길이 나 있었다.

아프리카에 계실 때도 원시림의 나무를 보호하기 위해 필요 이상 병원을 확장하는 것을 경계했다는 박사님의 고집 때문에 병원 뒤꼍은 매우 옹색했다. 수탉들의 오찬을 장만하러 처음 박사님을 따라 나섰을 때 내가 그 점을 지적했더니 박사님은 단칼에 내 말을 분질러 버리셨다. 노 프라블럼! 뒤꼍이 좁은 것과 환자들의 안녕 사이에는 아무런 상관관계가 성립되지 않는다는 주장이었다.

오솔길에는 온갖 나무냄새 풀냄새가 자욱했다.

서늘한 흙냄새에 이름 모를 꽃향기도 섞여 왔다.

바람이 불면 환자들의 침대까지 향기가 날아들 것이다.

언제나 그랬듯이 박사님은 활기차게 앞장서 걸으셨다. 좁은 오솔길이 그득하게 크고 우뚝한 그림자를 따라 걷노라니 마음에 벅찬 감회가 밀려왔다. 인생에는 오랜 세월이 흐른 뒤에도 결코 잊을 수 없는 한 시절이 있다고 했다. 바로 지금 내가 내 인생의 그런 시절을, 그런 순간을 통과해 가고 있는 것인지도 모른다는 생각이 들었다.

등성이에 오르자 시원한 바람이 불어왔다. 뙤약볕 아래 호수는 은박지를 오려 놓은 것처럼 번뜩이고 있었지만, 그 어디쯤엔가 정말 새로운 계절이 새로운 시간을 거느리고 다가와 있는지도 모를 일이었다.

호수를 내려다보며 숨을 고르던 박사님께서 문득 생각났다는 듯 물으셨다.

"그래, 자네가 찾고 있던 건 찾은 것 같나?"

(……!)

박사님은 저 첫날의 일을 모두 기억하고 계셨다.

나는 마음으로만 빙긋 웃었다.

"이제부터 찾아보려고요."

"그딴 것 없다고 펄쩍 뛸 때보다 눈곱만큼은 발전이 있었다고 볼 수 있겠군."

"네에……."

나는 다시 속으로 웃었다.

"좋아! 나침반은 잊지 않았겠지?"

"네!"

그럼 됐다는 듯 박사님이 천천히 고개를 끄덕이셨다.

박사님의 눈길이 머문 곳에서 눈부신 은빛 비늘들이 튀어 올랐다. 호수를 가로질러 간 은빛 바람의 마술이었다.

연어가 돌아오면 인간은 행복하다던 시애틀 추장의 말이 떠올랐다. 행복……. 나는 마음으로 고개를 끄덕였다. 내가 지금까지 깨달은 바에 의하면 참된 꿈이란 나를 위한 꿈이면서 동시에 남들에게도 도움이 되는 꿈이었다. 나를 행복하게 하면서 동시에 남을 행복하게 하고, 보다 원대하게는 인류와, 가능하다면 미래의 인류까지를 행복하게 하는 꿈.

나의 나침반이 나를 참된 꿈으로 인도해 주리라는 걸 나는 확신할 수 있었다. 이제 나는 최소한 '생각하는 사람'이 되었으니까. 그 생각을 따라 나는 꼭 박사님이 말씀하신 '그 한 사람'의 길을 걸어갈 작정이었다. '원대한'이라는 내 이름이 헛되지 않았다고 아빠가 기뻐해 주실, 물론 할머니도, 그리고…….

주머니 속에 넣어 둔 편지 생각이 났다.

나는 주머니에 손을 넣어 봉투를 만져 보았다.

어쩌면 그건 내가 기다리던 소식이 아닐 수도 있었다.

그래도 괜찮다고 나는 미리 마음을 먹어 두었다.

커다란 생명의 질서 안에서 우리는 늘 하나로 연결되어 있다고 했으니.

내 앞길에 무엇이 기다리고 있을지 모르지만, 어쨌든 지난 몇 달 사이 내 인생에 무슨 일이 일어나고 있는 것만은 분명했다. 어쩌면 내 삶을 송두리째 바꿔 놓을지도 모를 중대한 사건이.

슈바이처 박사님은 저 인디언 추장처럼 위엄이 넘치는 모습으로 백발을 흩날리며 호수를 굽어보고 계셨다.

나는 불현듯 박사님의 연세가 궁금해졌다.

박사님이 호수를 향해 호탕한 웃음을 터뜨리며 읊조리셨다.

"'흐름 위에 보금자리 친, 오, 흐름 위에 보금자리 친 나의 혼……'[3]이라고 노래한 시인에 대해서는 들어 본 적 있겠지? 흐름 위에 보금자리 친 인생의 햇수를 굳이 따져서 무슨 의미가 있겠는가!"

[1] 《나는 왜 너가 아니고 나인가》(류시화 엮음, 김영사, 2003)의 내용을 요약·정리한 것임.

[2] 위의 책 62~64쪽에서 발췌.

[3] 공초 오상순(1894~1963)의 시 「방랑의 마음」 부분. 시인의 묘비명이기도 함.

부록

《물과 원시림 사이에서》

유럽에서의 신학 교수직을 사직하고 '인류에 직접 봉사하는 삶'을 살겠다는 자신과의 약속을 실천하기 위해 의사가 되어 아프리카로 건너간 슈바이처가 프랑스령 적도 아프리카의 랑바레네를 중심으로 전개한 초기 의료 활동에 관한 보고서이다. 질병과 죽음의 고통 속에 무방비 상태로 방치된 아프리카 원주민들의 비참한 실상과 원시림의 생활을 가감 없이 그려낸 이 책은 유럽 사회에 커다란 반향을 불러일으킴으로써 그의 활동에 공감한 다수의 지성인들과 의료인들의 지원 및 동참을 이끌어 내는 계기가 되었다. 의료 활동에 관해서뿐만 아니라 인간과 자연에 대한 세밀한 관찰을 바탕으로 한 다채로운 에피소드와 풍부한 자연과학적 지식을 함께 담아내고 있으며, '밀림의 성자'로 추앙받는 슈바이처의 뜨거운 열정과 인류애를 엿볼 수 있어 더욱 큰 감동으로 다가오는 책이다.

《나의 생애와 사상》

아프리카 원시림에서 슈바이처가 작성한 자서전으로, 책 초반에는 유년 시절부터 스트라스부르에서 음악과 신학, 철학에 몰두하던 때를 이야기하고 있다. 아프리카 원시림으로 들어가 의사가 될 것을 결심하고 늦은 나이에 의학 공부를 시작한 일화가 담겨 있다. 그리고 책 후반에는 아프리카 오지에서 병원을 운영할 당시 겪은 어려움을 담담히 기술하고 있다.

사실 슈바이처가 의사가 될 무렵 아프리카를 바라보는 유럽인들의 시선은 멸시 그 자체였다. '네 이웃을 내 몸같이 사랑하라'는 기독교적 가르침에 순응하면서도 흑인은 결코 내 이웃이 될 수 없었던 것이 대다수 유럽인들이었다. 하지만 슈바이처는 이 성경 문구를 누구보다 충실히 지켰다. 슈바이처에게 아프리카인들은 자신과 똑같은 생명이었고 경외할 대상이었기 때문이다. 슈바이처의 생명 외경 사상은 곳곳에 나타나지만, 책의 후반부에 좀 더 자세히 수록되어 있다.

"생명 외경의 윤리는 우주적으로 확대된 사랑의 윤리이다. 만일 인간이 생명의 신비에 대해 참으로 깊이 생각한다면, 그리고 세계에 가득한 생명과 자기 자신과의 관계에까지 생각이 미친다면, 자신의 생명과 그 주위 모든 생명에 대해 경외를 바치지 않을 수 없다."

제1차, 제2차 세계 대전으로 인간이 더 이상 존엄성을 유지하기 어려웠던 시기에 슈바이처의 생명 외경 사상은 유럽인들에게 큰 반향을 불러일으켰다.

《슈바이처와 동물 친구들》

이 책은 중앙아프리카의 오지 랑바레네에서 의술을 펼쳤던 슈바이처가 그곳에서 만난 아프리카의 동물들과 원주민의 이야기를 쓴 에세이다. 책의 1, 2부에는 슈바이처의 어린 시절과 흥미로운 동물 이야기가 가득하다. 슈바이처는 독자가 마치 아프리카 정글 한복판에 있는 것처럼 생생하게 그곳에서 만난 동물 이야기를 그려냈다.

슈바이처는 코끼리와 침팬지, 원숭이 등 아프리카에서 만난 동물들을 따뜻하게 때로는 재치 넘치는 시선으로 바라보는 한편, 전쟁 중 먹을 것이 없어 잡아먹었던 원숭이에게는 죄의식과 괴로움을 느꼈음을 고백하기도 했다. 특히 벌레를 밟을까 봐 함부로 잔디를 밟지 않고, 일할 때는 벌레가 램프 불에 타죽지 않도록 창문을 닫아 아프리카의 폭염을 그대로 견딘 이야기를 읽다 보면 슈바이처의 생명 존중 정신은 경이롭기까지 하다.

책의 3, 4부에서는 동물 윤리와 생명 외경 사상에 대한 깊이 있는 이론을 내놓았다. 인도와 중국, 티베트 등 무분별한 생명 살상을 금지한 동양 철학을 이야기하며 서구 사회가 계속 지속되려면 이미 사라진 생명 윤리를 회복해야 한다고 주장한다. 무분별한 개발에 앞서 환경 파괴가 당연히 여겨지는 요즘 슈바이처의 생명 외경 사상은 인간과 모든 생명이 함께 살아갈 방법을 제시하고 있다.

《슈바이처의 유산》

슈바이처와 미국 명문 재벌가의 아들인 윌리엄 래리머 멜런 주니어가 18년간 실제로 주고받은 65통의 편지를 엮은 책이다. 경영에는 그다지 관심이 없었던 멜런은 시골로 내려가 목장을 운영하며 자유인처럼 살고 싶어 했다. 그러던 1947년 어느 날, 집으로 배달된 잡지《라이프》에서 슈바이처의 기사를 본 후, 그의 인생은 완전히 바뀌게 되었다.

사회 지도층 인사가 되어 누구보다 편안히 살 수 있었던 알베르트 슈바이처가 안락한 삶을 마다하고 아프리카 오지로 들어가 생명 외경 사상을 실천하는 모습에 윌리엄은 크게 감동받았다. 그는 곧장 슈바이처에게 편지를 썼고 슈바이처는 자신과 비슷한 삶을 살고자 하는 그에게 아낌없는 조언을 해 주었다. 그 후 멜런은 과거 슈바이처가 그러했듯 의학 공부를 힘들게 마쳤고 가족 모두를 데리고 세상에서 가장 가난한 마을인 아이티의 아르티보니트 계곡으로 들어갔다.

생전 처음 들어간 오지 마을에서 멜런은 폐결핵과 열대병에 시달리지만 전 재산을 털어 병원을 짓고 평생 환자를 돌봤다. 슈바이처는 죽는 날까지 멜런과 편지를 교환하며 의사가 되기 위해 공부해야 할 것과 병원을 운영하는 법 등 그에게 필요한 실용적인 지식을 알려 주는 한편, 자신의 생명 외경 사상과 봉사 정신을 멜런에게 물려줬다. 멜런은 파킨슨병과 암으로 사망할 때까지 아이티에 슈바이처의 정신을 전파했으며 그의 아들과 손자들 역시 멜런의 뒤를 잇고 있다.

윌리엄 래리머 멜런이 전승한 슈바이처의 유산은 '나만 행복해서는 안 된다'는 생각에서 시작되었다. 그는 모든 생명은 똑같이 존중받아야 한다는 슈바이처의 생명 외경 사상을 받아들이고 직접 행동하는 용기를 보여 주었다.

이 밖에도 슈바이처의 중심 사상인 '생명 외경'을 주제로 인류 문화의 위기와 재건에 관한 문제를 고찰한 철학서 《문화철학》을 위시하여 《예수 생애 연구사》, 《사도 바울의 신비주의》, 《요한 세바스티안 바흐》 등 철학, 신학, 음악 관련 전문서 다수가 있다.

알베르트 슈바이처의 생애

● 1875

독일 알자스의 카이저스베르크에서 루터교 목사인 루트비히 슈바이처와 역시 목사의 딸인 어머니 사이의 둘째 아이로 태어났다. 이후 귄스바흐의 목사관에서 누이 셋, 남동생 하나와 유복한 어린 시절을 보냈으나 이웃의 가난과 불행에 대한 자각은 이미 이때부터 그의 가슴 깊이 자리 잡아 뒷날 그가 아프리카 원주민들을 위한 봉사의 삶을 살기로 결심하게 되는 마음의 바탕이 되었다. 다섯 살 때 아버지로부터 피아노를 배우기 시작, 여덟 살부터는 파이프 오르간을 연주하기 시작했고, 아홉 살이 되자 교회 예배 시간에 파이프 오르간 연주자를 대신해도 좋다는 허락을 받았을 정도로 어려서부터 음악에 남다른 재능을 보였다.

● 1884

가을까지 귄스바흐의 마을학교에 다니다가 그해 가을부터 1년간 뮌스터에 있는 실업학교에서 공부했다.

● 1885

가을에 알자스의 뮌하우젠 고등학교에 입학했다. 고등학교에서 슈바이처가 흥미를 느낀 과목은 역사와 자연과학이었고, 작문 성적이 특히 뛰어났다. 어학과 수학 등 다른 과목은 별로 신통치 않았으나 공부에 흥미를 갖고 열심히 노력한 덕분에 최우등생은 아니지만 우수한 편에 들게 되었다.

● 1893

6월에 고등학교 졸업시험에 합격했다. 역사에서 받은 '수'를 제외하면 나머지 과목은 평범한 성적이었다. 같은 해 10월 파리의 파이프 오르간 거장 위도르 교수에게 사사할 기회를 얻게 되었다. 이후 위도르 교수와 슈바이처는 스승과 제자이자 음악 동료로서 평생 두터운 우정을 쌓아 가는 사이가 되었다. 10월 말에는 스트라스부르 대학에 입학해서 신학과 철학을 공부하기 시작했다.

● 1896

여름에 슈바이처는 앞으로 자신의 생을 이끌어 갈 중요한 결심을 하게 된다. '서른 살까지는 학문과 예술을 위해 살고, 그 뒤부터는 인류에 직접 봉사하는 삶을 살겠다'는 결심이었다. 스물한 살 때 했던 이 결심은 그의 나이 서른 살 되던 해에 실제 행동으로 옮겨졌다.

● 1898

5월에 1차 신학 시험에 합격하여 성 토마스 회와 신학부가 공동으로 주관하는 골 장학금을 받았다. 그러나 신학 논문에 앞서 철학 박사 학위 논문부터 착수하기로 결심하고, 소르본 대학에서 철학 강의를 들으며 위도르 교수 밑에서 파이프 오르간 공부를 계속할 목적으로 같은 해 10월 파리로 떠났다. 파리에 머무르던 중, 고등학교 시절의 음악 선생님으로 슈바이처로 하여금 바흐의 음악 세계에 눈뜨게 해 준 뮌히 선생님이 타계했다는 소식을 듣고 선생님을 기념하기 위해 《오이게네 뮌히》라는 작은 책자를 출간했다. 슈바이처의 첫 번째 저서였다.

● 1899

7월 말에 칸트의 종교 철학에 관한 논문으로 철학 박사 학위를 받았다. 모교의 철학부 전임 강사가 되어 달라는 제안을 받았으나 목사가 되어 설교하고 싶다는 강한 욕구에 이끌려 이를 사양하고 곧바로 신학 학위 논문에 매달리는 한편, 그해 12월부터 스트라스부르에 있는 성 니콜라이 교회의 목사로 일하기 시작했다.

● 1900

7월에 최후의 만찬에 관한 논문으로 신학 박사 학위를 받았다.

● 1902

예수의 수난과 메시아의 신비를 다룬 두 번째 논문으로 스트라스부르 대학 신학부 전임 강사직에 취임했다. 강의와 교회 일을 병행하면서, 이 기간에 서른 살 때부터 인류를 위해 직접 봉사하겠다고 한 결심을 실천에 옮길 수 있는 길을 여러 가지로 모색하기 시작한다.

● 1904

파리 선교회가 발행한 잡지에서 '콩고 아프리카가 필요로 하는 것'이라는 제목의 기사를 읽고, 마침내 의사가 되어 적도 아프리카의 원주민을 위한 봉사의 삶을 살기로 최종적인 결심을 굳힌다. 그해 가을, 스트라스부르 대학의 의과 대학에 등록하고 10월 말 첫 강의를 들었다. 같은 해 위도르 교수의 권유로 쓰기 시작한 바흐 연구서 《음악가, 시인 요한 세바스티안 바흐》의 프랑스어판이 출간되었다. 이 무렵부터 파이프 오르간 연주 여행이 부쩍 잦아진 데다 대학 강의와 교회 일도 병행해 나가야 했기 때문에 슈바이처는 의학 공부를 위해 남들보다 몇 곱절 노력하지 않으면 안 되었다.

● 1906

《예수 생애 연구사》를 출간하고 이어 《독일과 프랑스의 오르간 제작법과 오르간 음악》을 펴냈다.

● 1908

독일어판 《바흐》를 출간했다. 5월에 의예과 졸업 시험을 치르고 임상 학기로 진급했다.

● 1910

12월에 의학 국가시험의 최종 시험을 치르고 이어 2년 간의 인턴 생활을 마침으로써 마침내 7년에 걸친 힘든 의학 공부를 끝내고 예수의 정신 세계를 연구한 논문으로 의학 박사 학위를 받았다. 이때부터 파리 선교회가 활동을 벌이고 있는 프랑스령 적도 아프리카의 랑바레네를 자신의 의료 활동 근거지로 정하고 출발을 위한 본격적인 준비에 착수했다.

● 1912

봄에 스트라스부르 대학의 신학 교직과 성 니콜라이 교회의 목사직을 내놓고, 그해 봄을 파리에서 지내면서 열대 의학을 공부하는 한편, 친지들을 상대로 병원을 세우는 데 필요한 자금 모금 활동을 벌였다. 같은 해 6월 18일, 헬렌 브레슬라우와 결혼. 아프리카에서의 슈바이처의 활동을 돕기 위해 간호학을 공부한 헬렌은 그 뒤 40여 년 동안 그의 헌신적인 동반자가 되어 주었다. 위도르 교수와의 공동 작업으로 아프리카로 떠나기 전에 다섯 권을 완성한 《바흐의 오르간 작품》이 1912~1924년에 걸쳐 출간되었다.

● 1913

3월에 부인과 함께 고향 권스바흐를 출발하여 4월 16일 랑바레네에 도착했다. 도착하자마자 환자들이 밀어닥쳤으나 진료실이 없어 처음에는 낡은 닭장을 개조하여 진료실로 사용했다.

● 1914

8월에 유럽에서 제1차 세계 대전이 발발했다. 독일 국적자였던 슈바이처 부부는 포로 신분이 되어 사택에 감금된 채 외부인과의 접촉을 금지당했다. 그가 근방에서 유일한 의사였기 때문에 오래지 않아 감금은 풀렸으나 1917년 두 사람은 유럽으로 송환되어 가레종과 생 레미 수용소에서 포로 생활을 하게 된다. 전쟁이 터진 직후부터 슈바이처는 인류 문화의 위기와 그 재건에 관한 새로운 책을 쓰기 시작했다. 《문화철학》이라는 제목을 붙인 이 책에서 슈바이처는 '나는 살려고 하는 생명에 둘러싸인 살려고 하는 생명이다'라는 유명한 명제로부터 출발하는 '생명에의 외경' 사상을 주창함으로써 인류의 각성을 촉구했다.

● 1918

7월에 교환 포로로 석방되어 고향으로 돌아온 슈바이처는 9월에 스트라스부르 시장으로부터 시립 병원의 의사 자리를 맡아 달라는 제안을 받고 이를 수락했다. 아울러 아프리카로 떠나기 위해 그만두었던 성 니콜라이 교회의 부목사직을 맡아 다시 교회 일을 보기 시작했다.
그해 11월 11일 휴전 협정이 체결되면서 알자스가 독일령에서 프랑스령으로 넘어감에 따라 슈바이처도 이때부터 프랑스 국적을 갖게 되었다. 휴전 후 2년 동안 슈바이처는 독일에서 굶주리는 친구들을 돕기 위해 라인 강 다리에 있는 세관을 통해 여러 번 식량을 보냈다.

● 1919

딸 레나가 태어났다.

● 1920

봄에 스웨덴의 웁살라 대학에서 《문화철학》에 대해 강의했다. 이어 스웨덴의 여러 도시에서 파이프 오르간 연주회와 강연회를 열어 전쟁 중 병원을 운영하기 위해 졌던 빚을 갚을 만한 돈을 모으게 되자 다시 아프리카로 돌아갈 결심을 굳힌다. 이 해에 스위스의 취리히 대학에서 슈바이처에게 명예 박사 학위를 수여했다.

● 1921

4월에 스트라스부르 시립병원 의사직과 성 니콜라이 교회 부목사직을 내놓고 앞으로의 생계를 파이프 오르간 연주와 문필에만 의존할 결심으로 고향으로 돌아온다. 같은 해 아프리카에서의 경험을 담은 회고록 《물과 원시림 사이에서》를 출간하고, 그 후 유럽의 여러 대학과 도시에서 강연회와 연주회를 열면서 《문화철학》 집필에 몰두했다.

● 1923

봄에 《문화철학》 1, 2권 출간.

● 1924

2월에 《나의 유년 시절과 소년 시절》 집필을 끝내고, 2월 14일 스트라스부르를 떠나 다시 랑바레네로 향했다. 《물과 원시림 사이에서》가 출간된 후 세계는 그를 '밀림의 성자', '인류의 양심'이라고 부르며 그의 활동에 커다란 관심을 보이기 시작했고, 이에 용기를 얻은 슈바이처는 온갖 어려움을 무릅쓰고 그동안 폐쇄되었던 랑바레네의 병원을 다시 일으켜 세웠다. 병원 재건 사업에 몰두하고 있는 동안 슈바이처는 프라하의 독일대학 철학부에서 그에게 명예 철학 박사 학위를 수여했다는 소식을 듣는다.

● 1927

7월에 귀국하여 2년 동안을 다시 유럽 각 도시에서의 연주회와 강연회로 보냈다.

● 1928

괴테 상을 받았다.

● 1929

12월에 다시 랑바레네로 돌아가 제2차 세계 대전 중에도 유럽으로 돌아가지 않고 아프리카의 흑인들을 위한 진료에 몰두했다.

● 1930

《사도 바울의 신비주의》를 출간했다.

● 1952

스웨덴 한림원이 그에게 노벨 평화상을 헌정했다. 슈바이처는 '현 세계의 평화문제'라는 수상 기념 강연을 통해 세계 평화를 강조하고 원자력에 의한 세계 멸망의 위기에 대해 인류가 이성을 가지고 대처해 나갈 것을 호소했다. 이때 받은 상금으로 그는 랑바레네에 나환자촌을 건립했다.

● 1955

영국 엘리자베스 2세 여왕이 슈바이처에게 메리트 훈장을 수여했다.

● 1957

40여 년간 슈바이처를 뒷바라지해 온 헬렌 부인이 70세의 일기로 세상을 떠났다. 슈바이처는 병원 일과 저작 활동으로 슬픔을 이겨 나갔다.

● 1960

프랑스로부터 독립한 적도 아프리카의 가봉 공화국이 가봉 최고의 훈장인 적도성십자훈장을 수여함으로써 그가 아프리카 흑인들에게 베푼 사랑에 감사의 뜻을 표했다.

● 1965

9월 4일. 슈바이처는 자신이 평생을 바쳐 이룩해 놓은 랑바레네의 병실에서 딸 레나가 지켜보는 가운데 조용히 눈을 감았다. 이때 그의 나이 90세였다. 세계는 앞 다투어 그의 죽음을 애도했고, 그의 뜻을 이으려는 수많은 의료인이 아프리카에서의 그의 사업에 지원했다.
세계 평화를 호소하는 그의 노벨 평화상 수상 기념 연설문은 1954년에 출간되어 전 세계인에게 널리 읽혔다. 그리고 '생명에의 외경'이라는 그의 사상은 환경 파괴와 오염 문제가 날로 심각해져 가는 오늘날, 일찍이 생명 존중과 자연 보호를 부르짖었던 선구적 사상으로서 세계인의 관심 속에 새롭게 조명되고 있다.

읽고 풀기

1. 슈바이처가 아프리카에서 손수 병원 지붕을 수리를 할 때의 일입니다. 슈바이처가 한 청년에게 도움을 청하자 그는 자신은 인텔리이기 때문에 힘든 일은 하지 않는다고 말합니다. 그러자 슈바이처는 나도 인텔리가 되려 했지만 뜻대로 되지 않았다고 대답하는데요. 청년과 슈바이처가 생각한 인텔리의 차이는 무엇이었을까요? 1장 참고

2. 슈바이처는 자신이 키우는 싸움닭들의 먹이로 매일 지렁이들이 희생되는 것에 가슴 아파합니다. '어떤 생명은 보다 중요하고, 어떤 생명은 상대적으로 중요하지 않다고 말할 수 있을까?' 하는 슈바이처의 질문에 대한 여러분의 생각을 말해 보세요. 2장 참고

3. 슈바이처가 대한이와 종호에게 들려준 '마음의 나침반'이란 무엇인가요? 여러분의 생활 속에서 '마음의 나침반'이 작용한 일이 있었나요? 사람들이 슈바이처가 의미하는 마음의 나침반을 잃어버린다면, 어떤 일들이 벌어질지 예를 들어 설명해 보세요. 2장 참고

4. 생명 외경 사상에서 슈바이처는 생명이 존재하는 이유는 '모든 생명은 살고자 하는 의지'가 있기 때문이라고 정의합니다. 이것은 생명 외경 사상과 어떤 연관성이 있나요? 3장 참고

5. 슈바이처는 인류가 과도하게 지식과 물질문명의 발전만을 추구한 나머지 정신문화의 몰락을 가져왔다고 봤습니다. 이를 극복하기 위해 그는 참된 문화의 재건이 필요하다고 했는데요. 슈바이처가 말한 참된 문화에 대해 간략히 설명해 보세요. 3장 참고

6. 참된 문화를 회복하기 위해서는 자기 자신과 세계에 대한 윤리적인 긍정이 필요하다고 슈바이처는 이야기합니다. 그의 주장에서 윤리가 강조되는 이유는 무엇인가요? 3장 참고

7. 슈바이처는 폭력과 탐욕이 가득한 현 사회를 극복하려면 '한 사람'의 힘이 중요하다고 역설했습니다. 그가 생각한 '한 사람'이란 어떤 이를 의미할까요?

4장 참고

* 읽고 풀기의 PDF는 blog.naver.com/totobook9에서 다운로드 받을 수 있습니다.

1. 청년이 생각한 인텔리는 정규 교육과정을 수료한 배운 사람의 의미였습니다. 다른 사람보다 좀 더 배운 사람은 굳이 힘든 육체노동을 할 필요가 없다고 생각한 것입니다. 하지만 슈바이처가 생각한 인텔리란 단순히 학교에서 배운 사람이 아니라 지(知), 덕(德), 체(體) 모두를 갖춘 지성인을 의미합니다. 다시 말해 지식을 앞세우기보다는 자신이 가진 지식과 기술을 남에게 베풀면서 참되고 올바른 세계관에 이른 사람이 슈바이처가 바라본 인텔리의 모습입니다.

2. 사람의 필요와 판단에 따라 무수한 생물이 희생되기도 하고 태어나기도 합니다. 하지만 생명에는 경중이 없습니다. 모든 살아 있는 생명에는 살고자 하는 의지가 있고 우리는 이를 존중해야 합니다. 하지만 인간 세상에 피해를 주는 병균을 죽이거나 생존을 위해 부득이 동식물을 희생해야 한다면 이에 대해 충분히 애도하는 마음을 가져야 합니다. 또 슈바이처가 벌레의 죽음을 막기 위해 폭염 속에서도 창문을 닫았던 것처럼 불필요하게 살아 있는 생명체를 희생하는 건 막아야 한다고 생각합니다.

3. 마음의 나침반이란 우리 모두가 가진 '양심'을 의미합니다. 우리는 종종 마음속 나침반을 따를 것인지 아니면 무시할 것인지 결정해야만 하는 갈등의 순간들을

마주하게 됩니다. 양심을 따르는 것이 처음에는 어렵게 느껴질 수도 있지만, 계속 마음의 나침반을 주시하는 훈련을 한다면 갈림길에서 한결 손쉽게 올바른 길을 선택할 수 있을 것입니다. 마음의 나침반은 학교에서 수업을 들을 때나 친구와의 관계에서도 수없이 나타났다 사라집니다. 예를 들어 수업 시간에 게임이 하고 싶거나 스마트폰을 사용하고 싶을 때, 부정한 방법으로 시험 볼 기회가 생겼을 때 마음속 나침반이 제시하는 방향을 무시한다면 결과는 갈수록 암담해질 겁니다. 부정행위를 하는 아이들이 늘어나고 수업 시간에 스마트폰 사용과 게임에 몰두하는 아이가 대부분이라면 학교 교육은 의미가 없어지기 때문입니다.

4. 사람은 즐겁고 행복하게 살기를 원하며 죽음과 고통을 두려워하는 본능을 가지고 있습니다. 살고자 하는 의지는 사실 모든 생명이 갖고 있는 본능입니다. 모든 생명은 생명을 존속시키며 쾌락을 즐기려는 욕구가 있고 생명의 파괴와 고통을 두려워합니다. 따라서 생각하는 인간이라면 자기 이외의 다른 모든 생명을 대할 때도 자신을 대하는 것과 같이 존중하고 그 파괴를 두려워하는 마음을 가질 수밖에 없습니다.

5. 참된 문화란 개인과 사회의 윤리적인 완성을 최고의 목표로 삼는 문화를

의미합니다. 그동안 인간은 잠깐의 만족과 편의를 위해 수많은 생명을 서슴없이 파괴해 왔습니다. 윤리는 사라지고 나만 잘살면 된다는 이기적인 마음이 팽배한 결과로 인간의 정신은 피폐해지고 정신문화는 몰락했습니다. 이런 이기심을 버리고 모든 생명을 존중할 줄 알아야 참된 문화를 완성할 수 있습니다.

6. 그동안 인간은 윤리적인 이상을 무시하고 발전만을 추구한 결과 제1차, 제2차 세계 대전이라는 비극을 겪었습니다. 발전이란 이름 아래 눈에 보이는 이득만을 추구했고, 그것은 왕왕 힘센 나라가 약한 나라를 힘으로 빼앗는 결과를 낳기도 했습니다. 윤리적인 긍정성이 사라진 세상에서 인간은 죽거나 다치고 기아에 시달려야 했습니다. 결국 인간이 초래한 비윤리적 세상에서 가장 큰 피해를 입은 건 인간 자신이었습니다.

7. 슈바이처가 생각한 '한 사람'은 윤리적인 시선을 갖고 자신과 세상을 긍정적으로 바라보는 사람입니다. 지위나 학벌과 상관없이 맡은 역할에 최선을 다하고 도움이 필요한 사람에게 도움을 줄 수 있는 사람이기도 하지요. 슈바이처는 그런 '한 사람'만이 전쟁과 절망으로 얼룩진 이기적인 인간 세상을 구할 수 있다고 생각했습니다.